Chamanismo Práctico:
Una Guía para Caminar en Ambos Mundos

Katie Weatherup

Una Publicación de Hands Over Heart

Chamanismo Práctico: Una guía para caminar en Ambos mundos

Primera Edición

Agosto de 2019

Diseño de portada por Jennifer Dyer

ISBN: 9781088781357

ÍNDICE

Para mi madre, Cari, que me ve como realmente soy— luz y sombra por igual—y me ama incondicionalmente.

Y para mi padre, John, que me ama lo suficiente como para leer un libro sobre algo tan ajeno a su visión del mundo como el chamanismo, sólo porque lo escribí yo.

Introducción

Me encanta la siguiente cita de Woody Allen: "No hay duda de que hay un mundo invisible. El problema es: ¿a qué distancia está del centro de la ciudad y hasta qué hora está abierto?". El chamanismo tiene una respuesta para esa pregunta que ha resonado en muchas personas a través de muchas culturas y eras. Lo que entiendo de esa respuesta es que el mundo invisible está justo sobre el centro de la ciudad, encima, debajo y a su alrededor, y está abierto cada que vez que queramos visitarlo, sea de día o de noche. El mundo espiritual no cierra en días festivos, y uno de los mejores aspectos sobre la versión chamánica del mundo invisible es que está hecho a la medida de cada buscador.

Este libro trata sobre mi experiencia en el mundo chamánico, y está diseñado como un mapa para ayudarle a encontrar la suya. Sin duda alguna, su mundo chamánico se verá diferente al mío y muy distinto al del pueblo indígena de la selva amazónica. Sin embargo, cualquiera que decida explorar el mundo chamánico puede encontrar maravillas, magia y sanación allí.

Además de un plan de acción para explorar el chamanismo, mi intención con este libro es proporcionarle una variedad de opciones para su auto-sanación, haciendo uso de las herramientas básicas del viaje chamánico y algunas otras técnicas relevantes. Somos seres energéticos y espirituales en el mismo grado que somos seres físicos. Cada ser vivo está empapado de energía, reconocida por diferentes nombres en todo el mundo, por ejemplo, 'chi' en China, 'mana' en la India y 'ki' en Japón. Cuando hablo de energía, me refiero a la energía de vida universal. Esa es la energía de nuestro espíritu, la energía que crea nuestra vitalidad. Este libro proporciona medios para apoyar y promover los aspectos energéticos de nuestro ser. Cuando dichos aspectos se alineen en su vida, el mundo material los seguirá. Este libro ofrece información e ideas que usted puede aplicar a su vida cotidiana.

En esta sección encontrará información sobre los beneficios del chamanismo y mi perspectiva al respecto. En la Parte 1 de este libro, presento antecedentes sobre el chamanismo y proporciono instrucciones para el aprendizaje del viaje chamánico. En la Parte 2, hablo de la visión chamánica del mundo, nuestra relación energética con éste y otros conceptos relacionados. En la Parte 3, exploro conceptos más avanzados, como el trabajo de vidas pasadas y el trabajo con sombras, los cuales son tipos de trabajos chamánicos que usted puede comenzar a explorar una vez que haya dominado los fundamentos. En la parte final, comparto algunos de mis viajes y experiencias favoritas con el chamanismo.

El chamanismo puede sonar muy misterioso, y a menudo ha sido representado como algo para unos pocos elegidos que requiere un gran sacrificio y/o un estilo de vida indígena. A pesar de que hay algunos practicantes chamánicos fenomenales que siguen dicho modelo, ese estilo de vida está lejos de ser la única manera de experimentar el chamanismo. El chamanismo no le exige que realice largos viajes a la selva amazónica y no está restringido a unos pocos individuos "bendecidos". Los interesados llegan a la iniciación espiritual de diversas maneras: algunas sutiles, otras dramáticas. El hecho de que algunos hayan tenido primeras experiencias muy dramáticas con el chamanismo que dieron un giro a sus vidas, no significa que ese sea el único medio, o el medio preferido, para tener una conexión chamánica que se convierta en parte de usted.

El chamanismo no es difícil ni misterioso, aunque sí opera desde algunas premisas que están fuera del pensamiento occidental dominante. Esta práctica proporciona una forma de entender una parte del cosmos que no podemos ver o tocar directamente. Mientras que la noción de interactuar con guías espirituales puede parecer inverosímil en nuestra era moderna y científica, esta visión del mundo ha surgido de forma independiente en las culturas indígenas de todo el mundo. Las verdaderas herramientas y técnicas del chamanismo son sencillas, relativamente simples, y están probadas muy exhaustivamente.

Cuando me embarqué en mi camino espiritual, una de las cosas que comprendí fue que no iba a ser capaz de utilizar a otras personas para mejorar mi conexión espiritual. Fue bastante desalentador, pues había bastante gente que ya estaba muy dotada y avanzada. Sentía que veía el mundo invisible como el más tenue indicio de una sombra, mientras que los que me rodeaban parecían tenerlo en alta definición.

Hice todo lo posible para persuadir a aquellos que parecían ver el territorio claramente para que hicieran la conexión por mí, relegando así mi poder. Fui bendecida al encontrar maestros que, de manera gentil pero firme, me ayudaron a aprender y ver por mí misma, ofreciéndome planes de acción para llegar hacia donde quería, pero firmemente negándose a servir como enlace a mi espiritualidad. Cuando empecé a aprender sobre el chamanismo y los viajes chamánicos, encontré de repente una manera de tener la conexión espiritual que anhelaba sin entregar mi propio poder a intermediarios humanos.

El chamanismo proporciona una conexión espiritual directa e inmediata con sus propios espíritus guías y ángeles y el mundo natural alrededor de usted y lo divino, sin importar cómo los conciba. Además, le permite obtener acceso a información sobre usted mismo, su camino de vida, opciones y el mundo que le rodea. Ofrece una manera de hacer preguntas sobre los aspectos mundanos de la vida—alimentación, relaciones, aspectos laborales y otros—así como de las interrogantes mayores, tales como el significado de la vida y su propósito espiritual.

Para mí, mantenerme en posesión de mi propio poder y tener una conexión directa con lo espiritual fue uno de los mejores regalos del chamanismo, pero hay muchos otros también. Un gran número de recursos curativos están disponibles para usted a través del chamanismo. Nuestros guías y ayudantes espirituales pueden eliminar nuestra energía negativa y restaurar nuestra fuerza vital. Estos pueden ayudarle a caminar a través de sus miedos más grandes de una manera sutil. Incluso pueden consolarlo mientras llora. Dentro del mundo chamánico, podemos experimentar amor divino, aceptación y apoyo incondicional. En uno de mis primeros viajes, mi guía me llevó a una roca estéril en medio del océano y se sentó allí conmigo hasta que comprendí que, por más solitaria y aislada que pudiera sentirme, mis guías siempre estarían allí conmigo. Nunca estuve realmente abandonada o desamparada.

Las prácticas y la comprensión chamánica proporcionan un camino hacia la alineación o la relación correcta con el mundo. Cuando usted esté en una relación correcta con el mundo, el universo trabajará en formas tanto misteriosas como evidentes para ayudarle a progresar en sus metas y bienestar. La suerte y la casualidad se convierten entonces en una constante en su vida, permitiéndole conectarse con personas maravillosas, tener éxito en sus metas y esfuerzos de negocios, y generalmente recibir dones que exceden por mucho cualquier cosa que haya pedido.

El viaje chamánico ofrece herramientas para el autodominio y el crecimiento. Usted puede usar los viajes chamánicos para acceder a las partes más profundas de su ser. Todos tenemos patrones y formas de recorrer el mundo que no nos sirven y, aun así, persistimos en ellas una y otra vez. El entendimiento consciente de las razones de esos patrones no siempre es suficiente para cambiarlos. Al acceder a los aspectos inconscientes de usted mismo a través de los viajes chamánicos, podrá cambiar y transformar esos patrones de la noche a la mañana. Muchas filosofías están basadas en la idea de que, con un dominio sano del yo, usted no necesita cambiar el mundo exterior para encontrar paz y felicidad. El chamanismo es uno de los caminos hacia ese dominio.

Cada vez que usted selecciona un maestro, un libro o un sanador, es importante entender su "visión" del tema. Debido a que el chamanismo aparece en muchas culturas y epocas diferentes, los maestros y los practicantes abordan el tema en una amplia variedad de formas. En lugar de decir que un enfoque o método es mejor que otro, simplemente quiero ser clara sobre el enfoque que yo utilizo para enseñar el chamanismo, el cual no es uno tradicional.

He pasado mucho tiempo estudiando, explorando y probando un gran número de prácticas e ideas chamánicas. Las he tejido en una tela de mi propia creación. Debido a que valoro este proceso de crear nuestra propia creencia y entendimiento espiritual, le ruego que haga lo mismo con mis enseñanzas chamánicas. Tome lo que le sirva e ignore el resto. Si lo que digo no es de su agrado o si sus guías le dicen algo diferente, tome lo que sienta que es correcto para usted.

Mi enfoque personal del chamanismo no incluye muchos rituales, aunque el chamanismo es a menudo una práctica muy ritualista. Por ejemplo, muchos practicantes chamánicos comienzan honrando a los elementos o quemando hierbas. Mi prioridad es darle las herramientas para conectarse con sus guías, tan fácil y simple como sea posible. Si el ritual es una buena combinación para su práctica, sus guías le enseñarán qué rituales le servirán mejor que otros.

Este libro está diseñado para cualquier persona de este ajetreado mundo moderno. Nuestro mundo está lejos de ser perfecto, pero cualquiera que sienta demasiada nostalgia por el pasado no ha prestado mucha atención a la historia. Adoro el correo electrónico, las computadoras y la amplia variedad de oportunidades para experimentar que están disponibles actualmente. Tenemos más variedad, opciones y acceso a ideas que las que nuestros antepasados alguna vez conocieron. Podemos crear comunidades que promuevan lo que somos en lugar de aprender a sobrevivir en las comunidades en las que nacemos. Por supuesto, esto crea una mayor complejidad y nuevos desafíos. Puede resultar difícil encontrar lo que queremos con tantas opciones. También puede ser más complejo crear tiempo para descansar con tanto que hacer. Espero que la información chamánica que le proveo le ayude a permanecer centrado, eligiendo lo que le ayude a sentirse completo y pleno en este ajetreado mundo.

Mi objetivo al escribir este libro no es producir un trabajo definitivo sobre el chamanismo. No soy la experta máxima en el área y todavía estoy aprendiendo. En vez de eso, quiero comunicarle mi experiencia de una forma clara y darle las ideas y herramientas necesarias para comenzar sus propias exploraciones chamánicas. En lugar de persuadirle de mi verdad, quiero que sea capaz de encontrar su propia sabiduría y conocimiento a lo largo de su camino espiritual.

He descubierto que el mundo espiritual está lleno de amor, está impaciente por comunicarse y, además, tiene un gran sentido del humor. Cuando pedí la bendición/permiso para empezar a enseñar el chamanismo, me mostraron un enorme grupo de espíritus. Uno de ellos se acercó y me ofreció un papel doblado en una bandeja de plata, lo cual fue una manera formal y oficial de invitarme a enseñar. Tuve la clara impresión de que había estado siendo empujada en esta dirección durante bastante tiempo, así que bromearon conmigo diciendo: "Por supuesto que te apoyamos en este camino, pero si necesitas una invitación grabada, también te la podemos dar". Así que, a su vez, permítame invitarle formalmente, en nombre de sus guías espirituales, a entrar en la realidad chamánica y experimentar ese mundo de primera mano.

PARTE 1
CONTEXTO E INSTRUCCIONES PARA APRENDER EL VIAJE CHAMÁNICO

Capítulo 1 — Contexto General

El chamanismo y los métodos del viaje chamánico pueden ser encontrados en diversas culturas alrededor del mundo. Esto deriva en que haya varios estilos, métodos y entendimientos para los mismos términos. El viaje chamánico proporciona una conexión directa con los espíritus, los cuales son los verdaderos maestros. Incluso personas con la misma tradición chamánica obtendrán diferentes lecciones e información de sus guías espirituales.

El estilo de viaje chamánico con el que trabajo está basado, en líneas generales, en el desarrollado por Michael Harner en los años 70. Por supuesto, he adaptado sus métodos y estudiado con maestros que tienen trasfondos completamente diferentes. Sin embargo, considero que el método de Michael Harner, el cual él llamó "chamanismo central", es mi tradición chamánica de elección.

Realidad ordinaria y no ordinaria

El chamanismo central fue desarrollado a partir de las exploraciones del chamanismo que Michael Harner realizó en muchas culturas. Él señaló que, a pesar de las grandes diferencias en lo que respecta a ubicación geográfica y prácticas culturales, muchas prácticas chamánicas son las mismas en todo el mundo. Harner tomó las prácticas que aparecían en todas o en la mayoría de las culturas y desarrolló un enfoque para presentarlas a una audiencia moderna y tecnológica.

En este modelo, el practicante chamánico aprende a cambiar su conciencia a voluntad entre nuestro mundo cotidiano normal (que se conoce como "realidad ordinaria") y el mundo chamánico, conocido como "realidad no ordinaria" o "chamánica". Es similar a cuando hay dos personas hablando al mismo tiempo y usted elige escuchar a una y no a la otra. La mayoría de nosotros aprendemos a sintonizar la realidad ordinaria todo el tiempo. Esto es completamente apropiado para nuestra existencia humana, pues evita que choquemos contra las paredes y nos permite lidiar directamente con el mundo físico. La mayoría de los practicantes chamánicos todavía pasan la mayor parte de su tiempo con su atención y conciencia firme y principalmente centrada en el mundo físico de la realidad ordinaria.

En esta realidad, encontramos cosas con forma física y todo está regido por las leyes de la ciencia y la física. En la realidad no ordinaria, encontramos cosas con forma energética. Mitos, sueños, pensamientos, intención, todos contienen energía que podemos explorar y experimentar. Dicha realidad es un lugar para percibir la verdad simbólica de nuestra existencia. Tanto la realidad ordinaria como la no ordinaria están alrededor de nosotros todo el tiempo. Cuando nos centramos en la realidad no ordinaria, las leyes de la física todavía afectan nuestros cuerpos físicos, pero no nuestros cuerpos energéticos. Incluso si nunca hacemos un viaje chamánico, de igual manera nos conectaremos a la realidad no ordinaria en sueños y a través de la intuición. Con los viajes chamánicos, simplemente elegimos en cualquier momento dado si enfocamos la mayor parte de nuestra atención en la realidad ordinaria o en la no ordinaria.

Para explorar el reino de la realidad no ordinaria, el practicante chamánico pasa a un estado alterado de conciencia. Esto le permite interactuar con espíritus—guías, maestros, animales de poder, antepasados, espíritus de la naturaleza, maestros ascendidos, ángeles y deidades, y más. Históricamente, la mayoría de las culturas se han basado en alguna forma de comunicación con los espíritus. Tradicionalmente, un chamán viaja para interactuar con los espíritus en busca de poder, sanación e información, para ellos mismos y sus comunidades.

A lo largo de este libro, hablaré acerca de los guías espirituales. Con esto me refiero a los seres benevolentes sin forma física que nos ayudan, tanto en la realidad chamánica como en nuestra vida diaria. Ellos ofrecen información, guía, sabiduría, protección y sanación. Algunas personas eligen entender a estos guías espirituales como aspectos de sí mismos o de su ser superior. Otras entienden a sus guías espirituales en un contexto religioso como ángeles, santos o deidades.

La forma en que elegimos entender a nuestros guías espirituales y al universo en general es meramente el marco que establecemos en nuestras mentes para tratar con el vasto y a la vez incognoscible misterio del universo. Un marco no es más válido o correcto que otro. Así que, cuando hablo de chamanismo, estoy hablando de una forma de entender el mundo invisible. Hay muchas otras historias, alegorías, ideas y marcos igualmente válidos para conceptualizar el mundo invisible. Usted no tiene que creer en guías espirituales o en mi propio marco para aprender el viaje chamánico y beneficiarse de él. Existen muchas creencias en la comunidad metafísica que yo no acepto ni rechazo, simplemente las reconozco.

A través de las eras, los chamanes han utilizado una variedad de medios para inducir un estado chamánico de conciencia, incluyendo medicamentos, danza y meditación. En las prácticas chamánicas tradicionales de las culturas indígenas, a menudo hay elementos de machismo espiritual y grandes adversidades. Michael Harner cuenta que sus primeras experiencias con el chamanismo incluyeron una serie de pruebas aterradoras, peligrosas y muy incómodas. A menudo los chamanes tradicionales llegaban a su vocación a través de una experiencia cercana a la muerte. A pesar de que ese tipo de camino chamánico está disponible para aquellos que lo buscan, yo no lo recomiendo ni lo enseño. Es posible aprender técnicas chamánicas de una manera sutil sin tener que saltar a una piscina de agua helada, tomar drogas fuertes o ayunar durante días, actividades que inducen a estados alterados y se han utilizado en las culturas chamánicas tradicionales. Sin embargo, hay un camino más agradable y más cómodo disponible.

Escuchar un tambor o un sonajero es uno de los métodos más seguros y fáciles. El chamanismo no se trata sólo de ser capaz de caminar en ambos mundos—nuestro mundo ordinario cotidiano y la realidad no ordinaria—también se trata de ser capaz de caminar en esos mundos a voluntad, controlando qué realidad se percibe y cuándo. Esa es otra razón por la que no recomiendo el uso de drogas, ya que suprimen la habilidad de elegir en qué realidad uno enfoca su atención.

Ver dentro de ambos mundos todo el tiempo sin ningún control es considerado delirante. Por ejemplo, ya sea que el esquizofrénico ve cosas que no están allí o que simplemente ve hacia ambos mundos de manera incontrolable, el resultado es el mismo—la incapacidad de funcionar efectivamente en el mundo físico ordinario. Así que el concepto de encender y apagar nuestras percepciones chamánicas a voluntad es de vital importancia. Un sentido de autodisciplina y un ego fuerte son muy importantes para un practicante chamánico.

A menudo me preguntan cómo es el viaje chamánico. Para mí, tiene similitudes a soñar, visualizar y ver una película. No es algo pasivo; si el practicante no está enfocado activamente, se quedará dormido. Sin embargo, si está tratando de controlarlo todo, la información no fluirá. Este equilibrio suena complicado, pero no es tan difícil si se practica. Sólo es diferente de lo que la mayoría ha experimentado.

Una buena analogía es la del Tai Chi, una forma de arte marcial interna. En ella, el practicante se mueve activamente mediante posturas que tienen aplicaciones marciales, pero a la vez está calmado y relajado a medida que se mueve a través de la forma. Estar relajado y receptivo, así como activo y centrado, es el estado ideal para la experiencia del viaje chamánico. Esto suena más difícil de lo que es.

Cuando realiza un viaje chamánico, comienza a ver imágenes y se encuentra con seres espirituales. El practicante tiene la capacidad de controlar lo que hace y dice, pero no lo que hacen o dicen quienes le rodean. Como con casi todo en nuestra vida, se puede obtener información de diferentes maneras: viendo, escuchando, sintiendo, sabiendo cosas que son verdad, etc. Sus guías espirituales escogerán la manera más adecuada de comunicarse con usted. He tenido estudiantes que han rechazado experiencias chamánicas perfectamente válidas y maravillosas porque resultaron ser diferentes a lo que imaginaban. Así que es importante estar abierto a cualquier cosa que experimente en lugar de juzgar su experiencia comparándola con fuertes nociones preconcebidas.

¿Es el viaje chamánico la herramienta correcta para usted?

Cuando hablo sobre el chamanismo, a veces me preocupa que pueda sonar como una vendedora de automóviles usados o una fanática religiosa. Mi objetivo no es vender algo ni convertir fieles, pero, debido a mi gran pasión y entusiasmo por el tema, es posible que transmita la idea que el chamanismo es la solución para casi todos nuestros problemas. Si bien es una herramienta increíblemente poderosa que se puede aplicar de muchas maneras para muchos problemas, no es una solución mágica. Antes de hablar de cómo participar en el viaje chamánico, quiero hablar de lo que hará y no hará por usted, y cómo determinar si es la herramienta correcta.

Si está buscando fortalecerse como ser espiritual, el chamanismo puede ser muy útil. Puede proporcionar una conexión más fuerte con su intuición, fuentes de apoyo, sabiduría y herramientas que le permitan mejorar su relación con usted mismo y con el mundo que le rodea. El chamanismo, como tantas cosas, sólo es útil para quienes están interesados en el auto-empoderamiento y el crecimiento. Usted debe estar dispuesto a tomar un papel activo en su crecimiento y sanación para que el chamanismo sea beneficioso.

Si usted se encuentra en una crisis, completamente abrumado, desesperado, o tiene pensamientos suicidas, el viaje chamánico no es el mejor lugar para enfocar sus energías. El viaje chamánico requiere concentración y esfuerzo para aprender. Es excelente para el crecimiento personal y una herramienta poderosa, pero aprender el viaje chamánico no es una buena estrategia para tiempos de crisis. Esto no quiere decir que su vida debe ser perfecta para aprender el viaje chamánico—después de todo, es cuando nuestra vida no está funcionando que buscamos nuevas herramientas. Sólo tenga en cuenta que, si bien a largo plazo, el chamanismo puede ser una de sus mejores fuentes de ayuda y apoyo; es una habilidad que llevará tiempo desarrollar, por lo que no es el camino más corto en ese caso.

Del mismo modo, si está teniendo una respuesta abrumadora y negativa al mundo energético que le rodea—viendo espíritus aterradores o sintiéndose energéticamente atacado—no le recomiendo que siga abriendo esos sentidos mediante el aprendizaje del viaje chamánico. A veces los servicios de un sanador holístico experimentado pueden ser útiles, pero normalmente es más apropiado buscar los servicios de alguien que use formas más convencionales de tratamiento. La terapia convencional, la medicina y el cuidado psiquiátrico no son perfectos y no tratan todos los males, pero pueden proporcionarle la base estable que necesita para beneficiarse de algo como el chamanismo o la sanación con energía.

Soy una gran creyente tanto de la sanación psicológica convencional como de los enfoques metafísicos. Si alguien está teniendo problemas significativos en su vida, una combinación de la terapia convencional y sanación no convencional puede ser el camino más rápido y óptimo a la salud e integridad. A veces las lecciones de convivir con otros de una manera saludable, estableciendo buenos límites emocionales, y entendiendo y liberando patrones destructivos son abordadas más fácil y rápidamente con terapias que con el viaje chamánico. Sé que no estaría tan avanzada en mi propia búsqueda de la salud e integridad sin todas las piezas—la terapia convencional y la sanación energética y chamánica.

Creo que algunos tienen la creencia de que si están espiritualmente sanos y completos, no sentirán emociones oscuras, como ira, tristeza y celos. Lo que buscan son herramientas metafísicas que les permitan trascender (es decir, no sentir) tales emociones. Así no funciona el chamanismo. Como muchas otras técnicas de sanación, el chamanismo es maravilloso para ayudar a sus practicantes a no quedar atrapados en un estado emocional como la ira o el miedo. El no sentir estas emociones incómodas en absoluto no refleja la salud espiritual, sino un alejamiento severo de la experiencia de ser humano. De hecho, algunos pueden quedar atrapados en la idea de que ser una persona evolucionada significa nunca sentir ciertas cosas, por lo que se avergüenzan o suprimen las emociones naturales.

El chamanismo no le ayudará a nunca estar enojado o triste, pero sí puede enseñarle cómo aceptar y usar su ira de una manera positiva y empoderadora, o a darse apoyo cuando surja la tristeza. También puede ayudarle a no estar enojado o triste todo el tiempo. Pero es importante que cuando visualicemos la salud y la integridad espiritual incluyamos la experiencia humana plena en lugar de buscar renegar las partes menos cómodas.

El viaje chamánico ofrece acceso inmediato a la guía espiritual y a lo divino. Es una forma de acceder al amor, al apoyo y a la sabiduría de los seres que están completamente de su lado. El chamanismo ofrece una alternativa para entender la vida desde una perspectiva diferente y aprender nuevos enfoques para moverse por el mundo, pero sigue siendo sólo una herramienta y una técnica para el crecimiento y la sanación. Cuánta energía, atención e introspección traiga usted a su práctica chamánica determinará en gran medida cuáles serán los beneficios.

Nuestros guías espirituales quieren ayudarnos y apoyarnos, pero hay poco que puedan hacer a menos que nosotros elijamos crecer y cambiar. El chamanismo no es un sustituto para el tacto humano y las relaciones. No es un sustituto para una dieta saludable, descanso abundante y el ejercicio físico regular. No reemplazará la medicina moderna. Sus guías pueden ayudarle a aprender a vivir su vida de forma más completa, pero es importante recordar nutrir todos los aspectos de su ser—físico, mental, emocional y espiritual. El chamanismo es sólo una pieza del rompecabezas.

Adaptando el chamanismo tradicional a nuestros tiempos modernos

Al aprender sobre el chamanismo, es importante prestar atención al contexto cultural que lo rodea a medida que desarrolla su propia práctica. Las necesidades, demandas y desafíos que dieron lugar a cierta práctica espiritual pueden no existir en otra cultura. Michael Harner observó elementos de muchas culturas chamánicas y luego creó un marco chamánico apropiado para una audiencia tecnológica moderna. Fue su conocimiento de las necesidades de su propia cultura, al igual que su estudio de las culturas indígenas, lo que le permitió desarrollar un enfoque chamánico que ha resonado en cientos de miles de personas.

Estudiar las raíces indígenas del chamanismo es valioso y fascinante. Está bien incorporar prácticas de otras culturas que usted considere hermosas y útiles en su propia práctica espiritual. Sin embargo, es desaconsejable tomar una práctica espiritual de otra cultura y asumir que usted entiende su significado sin haber estudiado dicha cultura a fondo.

Para quienes vivimos en este mundo tecnológico actual, es esencial aceptar el hecho de que vivimos en él, con un conjunto de dones y desafíos diferente al de alguien que vivía hace mil años en la selva tropical africana. En nuestra sociedad, en su mayoría, nos preocupa más tener tiempo para nuestra próxima comida que si habrá comida disponible. Aprendemos en aulas con simples libros en un día o una semana en lugar de a través de años de aprendizaje.

Muchos en la comunidad espiritual parecen tener la idea de que una práctica es superior en alguna jerarquía espiritual sólo porque proviene de un nativo americano o del Tíbet. No estoy de acuerdo con la noción implícita de que un pueblo o una cultura es más sabia o mejor que otra. Cada cultura tiene dones, fortalezas y desafíos. Cada raza tiene sus propios miembros crueles y voluntariamente ignorantes, así como hermosos y cariñosos.

Los líderes espirituales que he encontrado que vale la pena escuchar dicen casi lo mismo, ya sean europeos, tibetanos, nativos americanos o africanos. Me encanta cuando alguien puede ofrecerme un vistazo del mundo desde un punto de vista diferente, pero eso no le da innatamente un mayor monopolio de la verdad universal. La sabiduría que tiene para ofrecer depende totalmente de lo que ha hecho con su experiencia.

Así que no deje que nadie le diga que está teniendo una mejor o más significativa experiencia chamánica porque gastó miles de dólares para viajar a Perú y aprender de los chamanes tradicionales bajo la influencia de drogas alucinógenas, mientras que usted sólo leyó un libro o fue a una clase y aprendió a viajar chamánicamente al ritmo de un tambor. Hay a quienes les gusta saltar de aviones porque les encanta el sentimiento adrenalínico, pero yo prefiero minimizar este tipo de experiencias. La persona que ama experiencias grandes, dramáticas y desafiantes, escogerá un camino espiritual diferente al que yo ofrezco y encontrará otros libros para leer.

Mi uso del término "chamán" es un buen ejemplo de la diferencia entre un contexto de la cultura moderna y uno de la cultura indígena. Yo uso el término "practicante chamánico" para describir lo que hago, y animo a mis estudiantes a hacer lo mismo. Elijo reservar el término "chamán" para quienes ocupan ese rol en las sociedades indígenas porque dicho rol es único. Los chamanes indígenas eran confiados por las personas de la comunidad para actuar como su intermediario espiritual. Yo enseño el chamanismo para reducir la necesidad de intermediarios espirituales.

Al embarcarse en un camino chamánico, es importante no renunciar a su poder, a sus guías ni a sus maestros humanos. Cada sugerencia, ya sea que la reciba en la realidad chamánica u ordinaria, debe ser ejecutada a través de su discernimiento. Usted, y sólo usted, debe decidir si la sugerencia se ajusta a sus necesidades. Este no es el estilo tradicional de enseñanza en lo que se refiere al chamanismo.

En el entrenamiento chamánico tradicional, el estudiante hace lo que sus guías y maestros humanos le dicen—incluso si es algo aterrador o peligroso—como prueba de su compromiso al momento de recorrer ese camino. A pesar de que enfrentar nuestros miedos y salir de nuestra zona de confort puede ser algo muy motivador, no creo que haya ninguna necesidad para que el proceso de aprendizaje del viaje chamánico implique tal esfuerzo. Los guías espirituales y los maestros humanos son nuestros guías y consejeros, pero nosotros somos los responsables de vivir nuestras vidas y las consecuencias de nuestras decisiones.

Al observar una cultura tradicional, es fácil ver cómo un proceso de iniciación difícil podría ser de utilidad. Que un chamán pasara por pruebas difíciles, no sorteadas por el resto de comunidad, ayudaba a establecer que era diferente y especial. Le daba más autoridad y prestigio acorde a su rol como intermediario espiritual y sanador. Tener a alguien que usted percibe como poderoso y sabio que le diga que usted mejorará tiene un enorme impacto psicológico. Además, entre un grupo de personas luchando para satisfacer sus necesidades de supervivencia, era poco realista que todos siguieran el entrenamiento chamánico. Tener pruebas y desafíos era una buena manera de asegurarse de que el futuro chamán estuviera profundamente comprometido. Finalmente, el entrenamiento chamánico se llevaba a cabo uno a uno, no en aulas o a través de un libro, para que el maestro pudiera medir efectivamente hasta qué punto presionar a su estudiante sin hacerle daño físico o psicológico.

Aunque puedo ver y reconocer la efectividad de tener pocos gurús (es decir, chamanes) dentro de una tribu de personas tradicionales por algunas de las razones que discutí anteriormente, no creo que encaje dentro de nuestra cultura moderna. Nuestra cultura nos enseña a confiar en otras personas—expertos que no seamos nosotros mismos—en lugar de escuchar nuestro propio conocimiento y sabiduría interna. El chamanismo no es para unas pocas y selectas almas bendecidas y dotadas; está disponible para cualquiera que se sienta llamado a explorarlo y que esté dispuesto a invertir un poco de tiempo en aprender. Este proceso le ayudará a aprender a confiar en sí mismo y a encontrar su propio camino adecuado, en lugar del que le digan otras personas. Yo enseño a los interesados a ser sus propios expertos siendo aún practicantes chamánicos y a seguir un camino que es agradable, seguro e inofensivo.

Capítulo 2 — Aprendiendo el Viaje Chamánico

Tal vez lo más importante que le puedo decir a medida que comienza a aprender sobre el viaje chamánico es que, si decide intentarlo, tómese el tiempo necesario y ponga el mayor esfuerzo para hacerlo de forma honesta. Algunos obtienen grandes resultados en su primer intento. La mayoría, incluyéndome, pasa por varios intentos frustrantes antes de realmente poder dominar este viaje. Sea paciente consigo mismo y con la técnica. Una vez que lo domine, nunca olvidará cómo hacerlo.

El mundo chamánico

Se puede decir que la realidad chamánica o no ordinaria incluye tres lugares distintos: el Mundo Inferior, el Mundo Superior y el Mundo Medio. Se dice que estos tres mundos están conectados por un árbol con raíces que se extienden hacia el Mundo Inferior y ramas que llegan al Mundo Superior. El tronco del árbol une los tres mundos.

Se cree que el Mundo Inferior está debajo de nosotros y es el reino arquetípico de la naturaleza. Este mundo contiene mucha energía vital. En el Mundo Inferior, nos encontramos con animales de poder—guías espirituales con forma animal. Este mundo está asociado con los aspectos físicos de nuestra existencia, como nuestra energía de vida. El Mundo Inferior contiene energías que ayudan a nuestra forma física y humana a prosperar y crecer, al mismo tiempo que la mantienen protegida. Es un lugar seguro, hermoso y maravilloso.

Tristemente, las ideologías cristianas enseñan que el infierno está ubicado debajo de nuestros pies, lo que puede causar cierta confusión y aprehensión para aquellos que fueron criados bajo ese contexto religioso. El Mundo Inferior no tiene absolutamente ninguna conexión con el infierno cristiano, ni con el inframundo posterior a la muerte que aparece en algunos mitos no cristianos. Es un poco gracioso imaginar la confusión causada por los misioneros cristianos cuando intentaron comunicar los horrores de su infierno ubicado en el subsuelo a los pueblos indígenas, para quienes el Mundo Inferior, también bajo sus pies, es un lugar de bendiciones y poder.

El Mundo Superior es otro lugar seguro y hermoso. En este caso, la idea cristiana del cielo, aunque diferente, no era tan diametralmente opuesta a muchas visiones indígenas del Mundo Superior, el cual es el reino de los maestros ascendidos y está ubicado sobre nosotros. Tiende a ser más etéreo y menos sólido que el Mundo Inferior, aunque todos experimentan estos lugares de manera diferente. En el Mundo Superior, usted puede bailar entre las estrellas y conectarse con guías que ayudan a nutrir sus aspectos espirituales. ¿Alguna vez ha deseado preguntarle a Jesucristo o Buda lo que realmente quiso decir en determinada ocasión? Ellos pueden ser encontrados en el Mundo Superior, al igual que personajes como Quan Yin, Kali, Pele, la Abuela Araña, el Arcángel Miguel y otros.

El Mundo Medio incluye los aspectos chamánicos de nuestra realidad física normal. Este mundo no es bueno ni malo, pero sí es complejo. ¿Recuerda alguna vez haber entrado en un lugar que se sentía maravilloso? Bueno, hacerlo en la realidad chamánica sería aún más positivo. Por otro lado, aquellos lugares que le ponen los pelos de punta en el mundo consciente son precisamente los que debe evitar en la realidad chamánica, a menos que vaya allí para hacer un trabajo específico.

Dentro del Mundo Medio usted es capaz de ver las representaciones energéticas de todas las cosas—cuerdas energéticas, representaciones simbólicas de relaciones y el movimiento energético. El tiempo de sueño humano se encuentra en el Mundo Medio. Es también el lugar donde puede encontrarse con espíritus o almas desencarnadas que están esperando para seguir su camino; pueden haber elegido quedarse, haberse perdido o quedado atascadas. Estos seres no son guías espirituales y no deben ser vistos de esa forma.

Dentro del Mundo Medio está su jardín sagrado, su lugar personal de poder. Para algunas personas, el cimiento de su jardín es el aspecto no ordinario o chamánico de un lugar real y físico con el que se conectó en un momento u otro. El mío está en un lugar específico en el suroeste de los Estados Unidos. El de Hank Wesselman está en Hawái. Para otros, su jardín sagrado es un lugar donde nunca han estado, pero simplemente saben que es el hogar de su corazón.

Es común que la mayoría de nosotros tenga un jardín que haya sido creado a partir de meditaciones guiadas previas u otros ejercicios. Uno de los mejores aspectos de su jardín es que usted tiene la oportunidad de crearlo, explorarlo y modificarlo para que se adapte a sus requerimientos. La lógica no es un limitador—un arroyo de montaña puede dividir un desierto y un bosque a medida que corre hacia el océano. Si usted camina a través de una cascada, puede entrar en una cueva de cristal. En la mayoría de los lugares de la realidad chamánica, si no le gusta un paisaje, necesita moverse; no puede cambiar dicho paisaje. Dentro de su jardín, por otro lado, puede crear cualquier paisaje que desee. A menudo su jardín crece y se expande cada vez que lo explora. Usted está completamente seguro y protegido dentro de su jardín. Además, tiene poder absoluto sobre quién entra en este espacio. Su jardín es su espacio personal en la realidad chamánica, donde puede ir a descansar, sanar, aprender, crecer y explorar.

En su libro titulado *Journey to the Sacred Garden* (Viaje al Jardín Sagrado), Hank Wesselman habla acerca de cómo, al modificar aspectos de su jardín, usted puede cambiar su propio paisaje interno de una manera asombrosa. Lo que usted encuentra en su jardín es simbólico y un espejo de su propia alma. Esta es una buena opción para todos aquellos que se sientan incómodos con la idea de comunicarse con guías espirituales. He tenido la experiencia de ir a mi jardín sintiéndome particularmente infeliz respecto al mundo y encontrar el cielo negro y nublado con una enorme tormenta. Cuando eso sucede, dejo que la tormenta siga su curso y espero a que el cielo se despeje. Naturalmente, regreso de mi viaje cansada pero centrada y en paz con el universo de nuevo. No todo es perfecto, pero mi alineación con el universo ha sido restaurada correctamente.

Llegando a su destino en la realidad chamánica

Debería estar claro a estas alturas que la realidad chamánica es un lugar enorme y diverso con más para explorar de lo que nadie podría viajar en su vida. Así que, en medio de toda esta inmensidad, es importante que sea capaz de llegar a donde quiere ir. Esto es posible con enfoque e intención. Cuando usted viaje por primera vez, deberá establecer su intención acerca de hacia dónde quiere ir y lo que quiere lograr. Aquí hay algunos ejemplos de intenciones:

- Viajaré al Mundo Inferior y me encontraré con mi animal de poder.
- Viajaré al Mundo Superior y le preguntaré a mi maestro cuáles son los próximos pasos en mi camino espiritual.
- Viajaré a mi jardín sagrado y pediré una sanación relacionada con mis problemas de ira. Pido que los guías apropiados me encuentren en mi jardín.
- Viajaré a mi jardín y le pediré ayuda a mis guías para sanar las relaciones madre-hija en mi línea ancestral. Pido que los guías apropiados me encuentren en mi jardín.
- Viajaré al Mundo Inferior para encontrar un animal de poder para Amanda.

Un ejemplo de una intención mal redactada sería "voy a viajar en la realidad chamánica para averiguar cuáles son los siguientes pasos en mi camino espiritual". Esta no es una buena intención, pues la realidad chamánica es enorme y no se expresa una idea clara de hacia dónde va el practicante o cómo obtendrá dicha información.

Antes de comenzar un viaje, tenga una intención clara y precisa de lo que quiere lograr, a dónde irá primero, y con quién se encontrará. Manténgase enfocado en esa intención hasta que haya logrado la meta inicial. Así que si su intención era "viajaré al Mundo Inferior y me encontraré con mi animal de poder", repítala hasta que llegue al Mundo Inferior y se encuentre con su animal de poder.

Una vez que haya llegado a su destino seleccionado, se haya encontrado con los guías espirituales que deseaba y pedido lo que quería, necesitará enfocarse en estar presente y receptivo a lo que ellos tienen que decirle o mostrarle. Permanecer presente y receptivo puede sonar difícil, pero con práctica puede ser todo lo contrario. Es como cuando está hablando con alguien; es fácil saber cuándo alguien está concentrado en lo que usted está diciendo y realmente lo está escuchando. Por otro lado, hay momentos en los que alguien está hablando y nuestra atención se desvía hacia lo que diremos después o hacia un tema completamente diferente. Sea un buen oyente cuando pida ayuda a sus guías.

Si escuchar no es precisamente uno de sus puntos fuertes, pida a sus guías ayuda para aprender esa habilidad. También puede aplicar algunas técnicas básicas de meditación. Si se entrometen pensamientos vagos, reconózcalos y libérelos para hacerlos desaparecer. Simplemente lleve su atención de vuelta al viaje cada vez que descubra que se ha desviado del camino. En general, debido a que el viaje chamánico es bastante interactivo, es mucho más fácil que la meditación, la cual requiere despejar y calmar la mente.

En ocasiones, sus guías espirituales tendrán algo que es realmente importante que usted vea o escuche. A pesar de que su intención sea muy clara y esté centrando en ella, sus guías pueden darle información que sienten que debería saber. Puesto que los espíritus son nuestros maestros y guías, la información que le ofrecen voluntariamente, a pesar de que se desvíe del tema inicial, es digna de atención. Sin embargo, la gran mayoría de las veces, si declaramos una intención clara y nos enfocamos en ella, nos permitirá lograr exactamente lo que pretendemos.

Caminos hacia los mundos Inferior y Superior y a nuestros jardines sagrados

Cada vez que comienzo un viaje, empiezo yendo al Mundo Inferior, al Mundo Superior, o, más a menudo, a mi jardín. Desde allí, mis guías me llevan a otros lugares para lograr el objetivo de mi viaje. Sin embargo, estos tres lugares son a los que voy por mi cuenta.

Sin importar a dónde vaya, siempre comienzo visualizándome en un lugar real en la naturaleza. Desde ese lugar, me visualizo tomando un camino o ruta hacia mi destino. Cuando usted selecciona su lugar en la naturaleza para comenzar su viaje, puede ser cualquier lugar, siempre y cuando sea o haya sido real en algún momento de su vida —la propiedad en la que creció durante su infancia, por ejemplo. Es importante no elegir un lugar en la naturaleza que esté en su jardín sagrado, pues ese es uno de los lugares a los que usted viajará.

Para llegar al Mundo Inferior, tendrá que encontrar una manera de bajar. Hay muchas opciones dependiendo del camino que elija. Puede utilizar un agujero en el suelo, cuevas, un pozo, un remolino, el interior de un volcán, o una escalera normal o de piedra. Por ejemplo, bajar a través de las raíces de un árbol y luego a través de pasajes subterráneos es el método de mi elección. A medida que va bajando, recuerde que usted no está confinado a su cuerpo físico, por lo que puede escabullirse entre pequeñas grietas y aberturas. Siga avanzando a lo largo de su camino hasta que tenga la sensación de caer en el Mundo Inferior.

Si se dirige al Mundo Superior, comience en su lugar en la naturaleza y luego encuentre una manera de subir. Puede trepar un árbol, subir con humo, volar, escalar una montaña o una escalera, usar una sombrilla como Mary Poppins, subir en un globo de aire caliente o con una cuerda. Una vez más, la física de la realidad ordinaria no se aplica a este mundo, por lo que puede volar si lo desea. A medida que pasa al Mundo Superior, puede tener una ligera sensación de que está atravesando una barrera, como una burbuja o membrana, mientras llega a su destino. Algo que he descubierto acerca del Mundo Superior es que pareciera haber niveles. A veces puede moverse más allá de esa membrana, mirar alrededor y no encontrar a nadie aun cuando ha establecido claramente su intención de encontrarse con un guía. Cuando eso sucede, simplemente siga subiendo membrana tras membrana hasta llegar a donde está su guía.

Cuando se dirija a su jardín sagrado, también comenzará en un lugar real en la naturaleza. En este caso, usted permanece en el Mundo Medio, así que no subirá ni bajará. Le tocará entonces encontrar o crear un camino que le lleve a su jardín. Personalmente, entro en un árbol y atravieso un camino que está ligeramente bajo tierra hasta que llego a mi jardín. También puede caminar, tomar un tren, montar en bicicleta, nadar, etc.

Independientemente de dónde esté, cuando escuche el sonido de los tambores llamándolo de regreso, o si decide regresar antes del llamado, hágalo por el mismo camino por el que comenzó. Suba desde el Mundo Inferior, baje desde el Mundo Superior, o cruce su jardín y vuelva al lugar en la naturaleza en el que se visualizó inicialmente. Es probable que su regreso ocurra mucho más rápido y con menos detalle que su viaje inicial de ida.

Esto es debido a que, durante su viaje de ida, usted debió pasar un momento sumido plenamente en un estado alterado de conciencia. Eso no es necesario al volver, por lo que su viaje de regreso puede transcurrir rápidamente. Pase un poco de tiempo en este lugar en la naturaleza y luego traiga su atención plenamente devuelta a su cuerpo físico. Regálese un momento para mover los dedos de los pies y de las manos y luego abra los ojos. Ha terminado su viaje.

Este proceso de comenzar en un lugar real en la naturaleza, luego viajar a su destino y regresar de la misma manera, puede parecer complejo, pero hay buenas razones para ello. Cuando empieza visualizándose a sí mismo en un lugar real en la naturaleza y luego va a su destino, ocurre una transición a un estado alterado de conciencia y realidad chamánica lenta y gradualmente, lo que lo hace más fácil. Es posible que necesite hacer un viaje o dos para seleccionar el camino que es más fácil seguir, pero una vez que lo elija, siempre utilice el mismo. Si sube al Mundo Superior a través de humo, siempre hágalo de esa forma. Si va al Mundo Inferior en un remolino, siempre use ese remolino.

Aunque inicialmente escoja momentos en que esté tranquilo y centrado para hacer un viaje chamánico, al final, esta es una herramienta que usted querrá ser capaz de utilizar cuando esté cansado, estresado y emocional y generalmente fuera de sincronía con el mundo. Al seguir estos pasos, la experiencia de cada viaje exitoso que haya hecho estará a su favor y será capaz de cambiar suavemente a un estado de viaje, sin importar cuán motivado estaba cuando empezó.

Además, el tomarse el tiempo para ir y volver a través de los mismos pasos, claramente cambia su conciencia hacia la realidad chamánica y luego la cambia de vuelta a la realidad ordinaria al final del viaje. Inicialmente aprendí el viaje chamánico sin usar este proceso. Puesto que podía simplemente caer directamente en la realidad chamánica, no veía la finalidad de usar el lugar en la naturaleza. Sin embargo, cuando probé este método, descubrí que me permitía regresar mi conciencia a la realidad ordinaria sin sentirme adormecida o desorientada. Simplemente entrar y salir directamente, sin usar el lugar en la naturaleza, me hacía sentir como si me hubiera despertado de una larga e intensa siesta vespertina. Así que recomiendo encarecidamente tomar un minuto extra o dos en cada viaje para usar estos pasos.

No obstante, si está en medio de un viaje chamánico y algo trae su conciencia de vuelta a la realidad ordinaria, puede retomar su viaje donde lo dejó sin tener que comenzar de nuevo. Simplemente visualícese de regreso en el lugar donde estuvo por última vez en la realidad chamánica y continúe con su viaje. Por ejemplo, si estaba hablando sobre la naturaleza del karma con un guía espiritual cuando un sonido externo lo asustó, puede simplemente devolver su conciencia a esa conversación con ese guía.

Nuestros guías espirituales

Hay una gran diversidad de guías espirituales. Pueden aparecer como animales o en forma humana. Pueden ser hadas, elementales, o deidades. Los guías más comunes con los que trabajamos son los animales de poder y los maestros, sobre los cuales discutiré detalladamente. Mientras que nuestros animales de poder se involucran más con la protección, el apoyo y el poder, nuestros maestros nos ayudan principalmente con la sabiduría, a percibir las cosas claramente, y a obtener información. Tanto los animales de poder como los maestros ayudan con la sanación. Por supuesto, no hay normas absolutas, y cada guía aparecerá en el momento perfecto para ayudarle con un esfuerzo específico. A medida que aprendo nuevas habilidades, a menudo aparecen nuevos guías. Por ejemplo, cuando realicé mi entrenamiento para ayudar a las almas a cruzar, un nuevo maestro vino a trabajar conmigo.

A lo largo de este libro, utilizaré el término "guía espiritual" para referirme a cualquier espíritu asistente que haya elegido relacionarse con usted. Podría ser un animal de poder, un arcángel, o su tátara-tátara-abuela. Todos los nuevos guías espirituales deben encontrarse en el Mundo Inferior, el Mundo Superior o en su jardín sagrado. A menos que se encuentre con los espíritus de la naturaleza o guardianes de un lugar específico, no acepte guías espirituales que encuentre fuera de su jardín sagrado en el Mundo Medio.

Animales de poder

Los animales de poder son guías espirituales en forma animal. Cuando no están ayudando a su persona asignada, se encuentran en el Mundo Inferior. Incluso si alguien nunca viaja en la realidad chamánica, de igual manera tiene uno o más animales de poder. Se cree que cuando un niño nace, un espíritu benevolente en forma animal mira al infante y ve lo indefenso que es. Ese espíritu se apiada del niño y se convierte en su aliado y protector. A menudo el animal de poder de una persona es un animal por el que tenga una fuerte afinidad. Por ejemplo, si alguien colecciona figuras de osos o caballos, es probable que uno de ellos sea su animal de poder.

En la realidad ordinaria, un animal de poder es una fuente de protección y poder. Es el trabajo de su animal de poder asegurarse de que el desconsiderado manejando demasiado rápido no choque su vehículo y que, si una roca cae del cielo, caiga a su lado, no sobre usted. Ellos trabajan por nuestro bien, para mantener el mundo físico seguro y positivo para nosotros. Una pérdida o ausencia de un animal de poder puede dar lugar a muchas anomalías, desde apatía y ser propenso a accidentes, hasta enfermedades crónicas. Una conexión fuerte con un animal de poder proporciona una fuente de energía y apoyo y mejora el flujo de su propia energía.

Si hace el viaje chamánico, vendrán a usted animales de poder adicionales. Además de sus otras funciones, recurro a mis animales de poder para sentirme segura en la realidad chamánica, dondequiera que mis viajes me lleven. Ellos me guían a donde tengo que ir, me muestran lo que necesito saber y, en general, me ayudan y apoyan en cualquier viaje que emprendo. Para tareas complicadas, tales como terapias de recuperación de alma, mis animales de poder se unen con mis maestros espirituales y trabajan juntos para guiarme y ayudarme.

Hay quienes hacen un viaje chamánico y descubren que el animal de poder que les está esperando no es el que tenían en mente. Alguien que siempre ha sentido una profunda conexión con los osos, por ejemplo, podría preocuparse si ese animal no apareciera como su animal de poder. Eso no significa que esta persona no tenga un oso como un animal de poder, de hecho, es casi seguro que sí lo sea. Sin embargo, puede significar que el oso continuará proporcionándole protección y guía en su vida en la realidad ordinaria, pero un animal diferente trabajará con esa persona en la realidad chamánica. También puede significar que un nuevo animal está considerando relacionarse con dicha persona. Mientras más trabajos hagamos con la realidad chamánica, más animales de poder vendrán a ayudarnos.

En lo que respecta a los animales de poder, es importante aceptar cualquiera que elija relacionarse con usted, incluso si no es uno de los animales de poder clásicos (por ejemplo, una ardilla o un ratón en lugar de un oso, un águila dorada, un lobo o un león de montaña). Si un animal inesperado se presenta, portará regalos específicos para usted. A veces aparecerá un animal con el que usted no se sienta cómodo. Cuando eso sucede, el animal se ofrece a ayudarle con algunas importantes lecciones, a menudo ayudándole a abrazar aspectos de usted mismo que ha repudiado o rechazado.

Por ejemplo, a una mujer le apareció un cocodrilo como un animal de poder, lo que le causó miedo hasta que se dio cuenta de lo poderoso que era este animal como protector. En ese momento, ella estaba teniendo problemas respecto a mantener límites y valerse por sí misma, y un cocodrilo era el aliado perfecto para su situación.

Muchas veces, un animal puede parecer aterrador al principio, pero luego mostrará su lado más suave; por ejemplo, un lobo rodando en su espalda o un león de montaña permitiéndole sentir lo suave que es su pelaje o lamiendo su cara. Si bien ocasionalmente le he dicho a guías en forma humana que no me sentía cómoda trabajando con ellos y he pedido un guía diferente, nunca he hecho eso con un animal de poder que se ofreciera a asistirme. Si un animal de poder le incomoda, no está obligado a trabajar con él, pero hay razones para que ese animal esté allí, así que es bueno intentar trabajar con él de manera honesta.

Por extraño que parezca, he descubierto que mis estudiantes son más propensos a rechazar al animal que esperan o quieren. Así que, si se encuentra un animal de poder clásico y popular como un lobo o un águila dorada, no significa que usted lo esté inventando. Cuando hice mi primer viaje para encontrar un animal de poder, el animal que apareció fue uno de los clásicos, y empecé a decirme a mí misma (y a él) que yo misma lo estaba inventando. Mi animal transmitía a través de su lenguaje corporal que yo estaba hiriendo sus sentimientos al rechazarlo. Me disculpé mil veces y hemos trabajado juntos desde entonces.

Todo es simbólico en la realidad chamánica, y los espíritus están preparados para mostrarse ante nosotros usando cualquier símbolo que resuene mejor con nuestro ser. Ellos desean comunicarse con nosotros y son más flexibles. Por lo tanto, si hay un número desproporcionado de osos que se muestran como animales de poder, es para bien de ambas partes. Hay quienes terminan trabajando con un solo animal de poder; otros, como yo, trabajan con varios.

Maestros

En el Mundo Superior, por otra parte, puede reunirse con un maestro espiritual. Nuestros maestros son guías espirituales que normalmente aparecen ante nosotros en forma humana, contrariamente a la forma animal. Ellos proveen sabiduría, sanación e información. Nos muestran cosas que necesitamos ver y nos enseñan cómo hacer determinadas cosas, además de proveer guía a lo largo de nuestro camino espiritual.

Nuestros maestros pueden lucir como gente común y corriente o como deidades. El maestro de uno de mis compañeros fue Pele. Al tratar con una deidad, figura religiosa o arquetipo, usted está recibiendo la esencia o aspecto de ese ser que es el más adecuado para usted. Es importante tener en cuenta que, si Buda aparece ante usted en sandalias y una gorra de béisbol, ese no es Buda en sí, sino un aspecto de él, y otra persona tendrá una experiencia diferente pero igualmente válida. La mayoría de las veces, sin embargo, los practicantes reciben maestros que no pueden ser identificados específicamente como esta figura o ese arquetipo.

Cuando los maestros le dan información sobre una pregunta, lo primero que hacen o comunican es el aspecto más importante de la respuesta. Si hago un viaje para preguntar sobre lo que podría hacer para comer más saludable, mi maestro podría mostrarme una experiencia en una vida pasada que necesita ser sanada donde no tenía suficiente para comer. Podría entonces mostrarme montones de vegetales, y luego a mí comiendo en un horario regular. La sanación de vidas pasadas es lo primero que debo abordar si quiero comer más saludable.

Preparación para el viaje chamánico

Al viajar, es importante asegurarse de que no se le interrumpa. Asegúrese de apagar el teléfono y elegir un momento en el que es poco probable que le molesten. Es abrupto y desagradable que algo le sobresalte y lo saque de un estado de viaje, lo que puede dejarlo sintiéndose en una nube y descolocado. Si alguna vez algo lo desconcentra y lo saca de un viaje, dedique unos minutos a enfocarse en la intención de que su conciencia, atención y fuerza vital regresen plenamente presentes a la realidad ordinaria. Me gusta usar auriculares y un CD con sonidos de tambores cuando viajo, pues reduce el ruido ambiental y las distracciones.

Para viajar usando el método que describiré, necesitará un CD o archivo de audio con algún tipo de sonidos de tambor, sonajero o instrumentación de percusión que esté específicamente diseñada para el viaje chamánico. Tiene que tener un ritmo monótono de 4-5 golpes por segundo y un llamado de vuelta al final. O puede pedirle a un amigo que toque el tambor o el sonajero para usted. Si alguien está tocando para usted, pídale que mantenga un ritmo monótono de 4-5 golpes por segundo y que toque por 15 minutos, al final del cual debe darle un llamado, acordado con anterioridad, que consista de cuatro golpes mucho más lentos, luego golpes muy rápidos, luego cuatro golpes lentos y luego golpes muy rápidos.

Siempre es importante volver cuando escuche el llamado. Si necesita más tiempo, puede hacer otro viaje reiniciando el sonido de tambores, pero es importante ser disciplinado para entrar y salir a voluntad. Por supuesto, si se siente listo antes de que suene el llamado, siempre puede volver antes, pero es agradable pasar el rato en la realidad chamánica. Es un buen lugar para recargarse y siempre existe la oportunidad de pasar tiempo con sus guías, lo que fortalece la relación con ellos. Para todos nosotros que somos expertos en hacer, pero deficientes en simplemente ser, aprender a estar en la realidad chamánica sin tener que hacer nada puede ser desafiante y gratificante. Sin embargo, siempre vuelva cuando oiga el sonido del llamado del tambor.

Es muy sencillo encontrar CDs o música con tambores. Busque un archivo de audio o CD que sea específicamente para viajes chamánicos. Para simplificar las cosas, me referiré a la música con tambores como tamborileo a partir de ahora, pero hay numerosos instrumentos que pueden ser utilizados para el viaje chamánico. No recomiendo tocar los tambores usted mismo mientras viaja; no es que no sea una buena experiencia, pero en sus primeros viajes probablemente usted necesitará toda la concentración posible. Los chamanes tradicionales a menudo tienen un asistente que se hace cargo de tocar el tambor por ellos mientras viajan.

Al viajar por primera vez, es bueno elegir un momento en el que se sienta calmado y centrado, pero no adormecido. Con la práctica se volverá más fácil y podrá viajar fácilmente, incluso cuando tenga sueño o esté estresado. Pero, inicialmente, elija un momento en el que esté en calma para tener esta experiencia.

Generalmente, elijo acostarme cuando viajo. Es más cómodo y no tengo que prestar atención a no caerme si estoy sentada. Sin embargo, si tiene una tendencia a quedarse dormido cuando viaja o está especialmente cansado, sentarse en una posición cómoda puede ayudarle a mantenerse despierto. Es bueno asegurarse de estar físicamente cómodo, sin sentirse con frío ni calor en exceso, y en una posición cómoda. No querrá que las necesidades de su cuerpo le distraigan mientras viaja.

Antes de comenzar su viaje, establezca su intención general. Si se siente aprensivo, puede decir una pequeña oración o simplemente expresar su petición para que sus guías y espíritus asistentes le ayuden a estar completamente seguro y protegido. Encuentro que este tipo de petición ayuda a dejar de lado cualquier ansiedad que pueda tener acerca de hacer un viaje chamánico. Un ejemplo de una afirmación es "estaré completamente seguro y protegido durante el viaje chamánico que estoy a punto de iniciar. Pasaré a un estado alterado fácilmente y percibiré claramente y con precisión lo que mi guía me muestre".

Si tiene cualquier problema después de sus primeros intentos de viaje, tales como no recordar su viaje, no poder llegar a donde va, sentirse ansioso, u obtener información confusa, utilice una afirmación antes de que comience a decirse a sí mismo que tendrá una buena experiencia. Siempre declare su afirmación en positivo, por ejemplo, "Recordaré mi viaje" en vez de "No olvidaré lo que pase".

Viaje al Mundo Inferior

Un buen primer viaje chamánico siempre es al Mundo Inferior. En este viaje bajará a este mundo, mirará a su alrededor, hará lo que desea hacer, y luego regresará cuando escuche el llamado del tambor.

Intención: Voy a viajar al Mundo Inferior.

Para comenzar su viaje, póngase cómodo e inicie el sonido de tambores. En su mente, declare cualquier afirmación que desee utilizar para establecer su intención general para la experiencia. Su afirmación sólo necesita ser declarada una vez. Permítase un minuto o dos para ajustarse al sonido de los tambores y relajarse. Piense en su intención y repítala. Siga enfocándose en esa intención repitiéndola hasta que llegue a su destino: *voy a viajar al Mundo Inferior*.

Comience su viaje usando su imaginación deliberadamente. Imagínese a sí mismo en un lugar real en la naturaleza y encuentre una manera de bajar. Hay infinitas posibilidades, incluyendo bajar las raíces de un árbol, un remolino, una caverna, un pozo, cuevas, una escalera, un ascensor, etc. Eventualmente, debería tener la sensación de aterrizar, llegar o aparecer en el Mundo Inferior. Si una manera no funciona, pruebe un camino diferente.

Puede que necesite experimentar con varios caminos antes de encontrar uno que le funcione. También, manténgase en movimiento y no se detenga hasta que llegue al Mundo Inferior, incluso si eso significa regresar y probar otro camino. En algún momento sentirá un cambio sutil de imaginar a percibir. Quizás pueda o no sentir esta transición, pero si confía en que está sucediendo y sigue practicando, eventualmente sentirá cuando ocurra el cambio.

Cuando llegue al Mundo Inferior, pase un momento mirando alrededor. Puede ser de día o de noche. Puede encontrarse en un desierto, en un bosque, en las montañas, en el mar o en algún otro lugar. Puede encontrarse con animales (míticos o reales) o con espíritus de la naturaleza. Cuando escuche el llamado del tambor, regrese usando la misma ruta hasta su lugar en la naturaleza. El ascenso probablemente será mucho más rápido que el descenso. Después, traiga su conciencia a su cuerpo y al lugar donde está sentado o acostado.

Regálese un momento para enfocarse en estar plenamente presente en la realidad ordinaria antes de abrir los ojos o moverse. Luego, si así lo desea, escriba su experiencia.

Viaje para encontrarse con su animal de poder

En este próximo viaje, viajará al Mundo Inferior para encontrarse con su animal de poder. Incluya en su intención que su animal de poder estará esperando su llegada. Cuando se encuentre con su animal de poder, él puede querer compartir información o puede informarle cómo trabajará con usted. Resulta excelente si su animal de poder le ofrece información, pero no vaya con una pregunta aislada, ya que, al empezar, cuanto más simple sea la intención de su viaje, más fácil será mantenerse concentrado en ella.

- Ponga el audio.
- Establezca su intención general o afirmación del viaje si así lo elige.
- Establezca su intención para el viaje:

  Voy a viajar al Mundo Inferior para encontrarme con mi animal de poder. Pido que mi animal de poder esté esperándome cuando llegue al Mundo Inferior.

- Imagínese en el lugar en la naturaleza que utilizó previamente para bajar.
- Baje al Mundo Inferior.
- Experimente el viaje.
- Regrese usando el mismo camino que tomó cuando suene el llamado del tambor. Primero entre en el lugar en la naturaleza y luego traiga su conciencia de vuelta a su cuerpo.

Viaje al Mundo Superior

El viaje al Mundo Superior es muy similar al viaje al Mundo Inferior, excepto que debe encontrar una manera de subir en vez de bajar.

- Inicie el tamborileo.
- Establezca su intención general o afirmación del viaje si así lo elige.
- Establezca su intención para el viaje:

  Voy a viajar al Mundo Superior.

- Imagínese en su lugar en la naturaleza y encuentre una manera de subir.
- Siga subiendo hasta que se encuentre en el Mundo Superior.
- Mire a su alrededor y explore.
- Regrese usando el mismo camino por el que subió cuando suene el llamado del tambor. Primero entre en el lugar en la naturaleza y luego traiga su conciencia de vuelta a su cuerpo.

Viaje para encontrarse con su maestro

Después de haber explorado el Mundo Superior por su propia cuenta, querrá conocer a su maestro. Reitero: este es un espíritu guía que aparece en forma humana. Al igual que con su viaje para encontrarse con su animal de poder, no vaya con preguntas la primera vez, pero es muy bueno si su maestro ofrece información.

- Inicie el tamborileo.
- Establezca su intención general del viaje o afirmación si así lo elige.
- Establezca su intención para el viaje:

  Voy a viajar al Mundo Superior para encontrarme con mi maestro. Pido que mi maestro esté esperándome cuando llegue.

- Imagínese en su lugar en la naturaleza y suba de la misma manera que lo hizo antes.
- Siga subiendo hasta que se encuentre en el Mundo Superior y vea a alguien esperándole.
- Encuéntrese con su maestro y dialogue con él.
- Regrese usando el mismo camino por el que subió cuando suene el llamado del tambor. Primero entre en el lugar en la naturaleza y luego traiga su conciencia de vuelta a su cuerpo.

Viaje a su jardín sagrado

Si todavía no tiene un lugar seleccionado, le recomiendo que vaya al Mundo Inferior y le pida a su animal de poder que le ayude a encontrar o seleccionar su jardín sagrado. También podría ir al Mundo Superior y preguntarle a su maestro, si eso le hace sentir mejor. Si realmente tiene un lugar seleccionado, puede ir directamente allí desde su lugar de partida en la naturaleza. De cualquier manera, una vez que descubra dónde está su jardín, asegúrese de que tiene un camino hacia allá desde su lugar real en la naturaleza.

Si sabe dónde está su jardín, su intención será:

Voy a viajar a mi jardín sagrado.

Si no sabe dónde está su jardín, su intención será:

Voy a viajar al Mundo Inferior y le pediré a mi animal de poder que me ayude a encontrar mi jardín

o

Voy a viajar al Mundo Superior y le pediré a mi maestro que me ayude a encontrar mi jardín.

De cualquier forma que llegue allí, dedique unos momentos a explorar su jardín. Reitero: se pueden utilizar los mismos pasos que en el viaje al Mundo Inferior. Con la mayoría de los viajes, yo comienzo viajando a mi jardín, con la intención de que los guías apropiados se encuentren conmigo allí para ayudarme con cualquier meta que haya declarado en mi intención.

Capítulo 3—Información Adicional sobre el Viaje Chamánico

Algunas sugerencias adicionales

Recomiendo llevar un diario de sus viajes chamánicos. No es necesario, por supuesto, pero puede ser útil. Los viajes chamánicos pueden ser similares a los sueños: muy vívidos cuando uno regresa por primera vez, pero cada vez más elusivos a medida que pasa el tiempo. Si siente que ha olvidado algo importante, siempre puede ir y preguntarle a sus guías otra vez. Siento que cuando escribo un viaje, recuerdo y noto más detalles. Debido a que viajamos fuera del espacio y el tiempo, una enorme cantidad de tiempo subjetivo puede pasar en un solo viaje. A menudo puede tomar más tiempo escribir o describir su viaje que lo que en sí duró el viaje.

El tiempo realmente no existe en la realidad chamánica. Algunos practicantes relatan que un viaje de quince minutos se siente como si durara una media hora o una hora; otros sienten que sólo han pasado unos dos minutos. Además, nuestros guías espirituales realmente no entienden el tiempo. Su perspectiva es que el tiempo es un círculo o una espiral y que todo vuelve en un proceso cíclico. Así que hacer preguntas acerca de cuándo algo sucederá será una pérdida tiempo y confundirá a sus guías. En mi caso, no confunde tanto a mis guías, sino que hace que se rían de mí porque sé que no debería esperar una respuesta a una pregunta de "cuándo".

Cuando comienza a viajar por primera vez, uno o dos viajes al día son suficientes. En mis clases, tengo estudiantes que hacen tres o cuatro viajes, con la expectativa de que experimentarán uno o dos viajes realmente buenos en algún momento durante el día. El viaje chamánico puede ser como un día en el gimnasio; si usa músculos desconocidos o trabaja muy duro, estará cansado después. Estamos estirando y usando nuestra conciencia conscientemente, y esto requiere concentración y enfoque. No hay daño si trabaja de más, pero puede sentirse ofuscado y cansado después; además, sus viajes se volverán menos claros y precisos.

Si experimenta dificultades con el viaje chamánico

Sandra Ingerman dice: "nunca he conocido a una persona que no pudiera viajar—pero he conocido a muchos a los que les tomó varios intentos antes de que pudieran hacerlo. Siga practicando. Relájese. Respire con su corazón, abra todos sus sentidos, establezca una intención, y con el tiempo estará viajando".

Si tiene dificultades con los primeros viajes, o simplemente quiere aumentar la facilidad y la vivacidad de sus exploraciones, puedo ofrecer varias sugerencias. Aparte de continuar practicando, puede buscar un grupo con el que trabajar. Hay algo en la energía grupal que permite acceder a la realidad chamánica con mayor facilidad. Estando en un grupo, puede trabajar en equipo para establecer y mantener la energía. O bien puede seleccionar un grupo con un facilitador.

Otro método que recomiendo es viajar para alguien más, con permiso de dicha persona, por supuesto. A menudo, a quienes se les dificulta viajar por sí mismos, se les hace más fácil viajar para otra persona. Puede que haya el doble de espíritus asistentes involucrados (los suyos y los de la persona por la que está viajando), o bien que no se sienta presionado, o alguna combinación de ambos factores. De cualquier manera, puede sorprenderse de lo fácil que es viajar para alguien más.

Si todavía tiene problemas o simplemente aprende mejor con más personas en un ambiente de clases, hay muchas conferencias sobre viajes chamánicos por todo el mundo. Al momento de escribir este libro, imparto clases en el área de San Diego y estoy disponible para viajar a otros lugares para dar clases. The Foundation for Shamanic

Studies (Fundación para los Estudios Chamánicos) también ofrece clases excelentes en toda Norteamérica y Europa. Una clase puede ser una muy buena manera de aprender esta habilidad, y es de ayuda tener a otros con quienes comparar su experiencia.

Cuando comienza a viajar, es importante reconocer que le puede tomar un tiempo poder obtener viajes claros y vívidos. No es que el proceso sea particularmente complejo, pero sí que usa músculos (a falta de un mejor término) que pueden no haber tenido muchas oportunidades para desarrollarse. Puede que se sienta cansado, especialmente si hace varios viajes seguidos cuando está aprendiendo por primera vez. Algunos tienen dones naturales o buena práctica utilizando estos músculos en otras actividades relacionadas. Sin embargo, muchos de nosotros, incluyéndome, desarrollamos estas habilidades con el tiempo y con la práctica. Si no consigue nada más allá de unos pocos destellos de imágenes sin conexión en sus primeros viajes, es un gran indicador de que tiene el potencial para desarrollar esta habilidad. Con práctica consistente, esta habilidad puede desarrollarse, incluso si los intentos iniciales son frustrantes.

No estoy de ninguna manera dotada en términos de coordinación física y tengo una desafortunada tendencia a quedarme atascada en puertas cuando estoy distraída, así que en mí resuena la analogía de enseñar a mi cuerpo a hacer algo físico. Por lo general, me toma tres veces más tiempo que a la mayoría de las personas, pero eventualmente mi cuerpo se da cuenta de lo que estoy tratando de hacer y busca la manera de hacerlo. Lo bueno es que una vez que comienza a desarrollar la habilidad en el viaje chamánico, se puede progresar a pasos agigantados.

Por supuesto, como con cualquier cosa, es bueno mantener un registro de lo que usted está diciéndose. Si tiene problemas las primeras veces y se dice a sí mismo que nunca será capaz, será más difícil aprender. Por otra parte, si comienza su viaje con una afirmación de que la experiencia del viaje será fácil y que conseguirá información clara, puede tener un gran impacto en el resultado. Debido a que nuestro enfoque e intención son los medios por los cuales viajamos en el mundo chamánico, sus mensajes internos tendrán mucho poder sobre su experiencia y pueden ser utilizados conscientemente para crear la experiencia que desea.

Aprenda a confiar en sus experiencias con los viajes chamánicos

Algunos preguntan después de su primer viaje chamánico exitoso, "¿Cómo sé que no estoy inventando esto?". El viaje chamánico puede sentirse como que está visualizando o imaginando algo. Al principio, le sugiero que simplemente elija confiar en que algo está sucediendo y darle algo de tiempo. Me he dado cuenta de que, si viaja lo suficiente, eventualmente algo real sucederá que no podría haber inventado.

Nuestros guías espirituales tienen un gran sentido del humor, el cual demuestran haciendo juegos de palabras y riéndose de nosotros; además, se les ocurrirán cosas que usted no habría pensado por su cuenta. Para aquellos inclinados a la ciencia, cabe mencionar que investigaciones sobre las ondas cerebrales del ser humano han demostrado que escuchar un tambor con un ritmo monótono de 4-5 golpes por segundo produce ondas theta en el cerebro. Así que el tamborileo altera significativamente su estado de conciencia.

Si cree que está inventando algo, siempre puede pedirle a sus guías que le sigan mostrando. Lo creado por nuestros guías en la realidad chamánica será inamovible, incluso si nuestra atención comienza a divagar. Crear una escena requiere una excelente disciplina mental para mantener la imagen por cualquier cantidad de tiempo. Si algo permanece por un tiempo, probablemente no lo está creando.

Cuanto más utilice el viaje chamánico para auto-sanación e información, más rápidamente podrá demostrarse a sí mismo que esto proporciona una fuente confiable de información. Usted podría hacer un trabajo de sanación de un problema y encontrar que ya no es una fibra sensible. O, por ejemplo, puede aplicar la recomendación que sus guías le dieron en cuanto a su dieta y descubrir que funciona. No hay nada como una experiencia comprobada para permitirle confiar. Además, si siempre obtiene información valiosa y precisa, ¿realmente importa si lo está "inventando"?

Si todavía tiene serias dudas sobre si está inventando su viaje, haga un viaje para alguien más, especialmente alguien que no conozca muy bien, siempre con permiso de dicha persona. Será mucho más fácil, pues usted no sabrá ni supondrá la información, sólo la asimilará. La información importante viene intuitivamente de muchas maneras diferentes, por lo que a veces obtenemos la misma información en un viaje chamánico que hemos estado recibiendo por algún tiempo de otras maneras. Esto a menudo nos hace cuestionar si estamos inventando la información porque ya lo sabíamos de cierta forma. Viajar por otra persona elimina el problema de ya saber la respuesta antes del viaje.

Por supuesto, incluso si tiene experiencia en el viaje chamánico, hay algunos viajes que son simplemente demasiado cercanos y emocionales. Cuando este es el caso, usted puede no ser capaz de lograr el tipo de enfoque y atención requerida en un viaje chamánico. Para problemas muy cargados emocionalmente, pídale a alguien más que viaje por usted. Por ejemplo, si su madre acaba de desarrollar cáncer de mama y le da su permiso para que alguien haga un trabajo chamánico, puede que sea mejor pedirle a otra persona que haga este trabajo en lugar de intentarlo usted mismo. Esto no quiere decir que no pueda hacer trabajos para familiares y amigos, pero si está muy interesado en el resultado, es posible que no sea capaz de obtener información clara.

Aprensiones sobre el viaje chamánico

Una de las reacciones comunes que surgen acerca del viaje chamánico es la del miedo. Hay quienes imaginan que con el viaje chamánico vivirán una experiencia de pérdida del control de sí mismos. En realidad, el viaje chamánico es un proceso muy sutil. Durante los primeros años después de haber aprendido el viaje chamánico, siempre estuve completamente consciente de mi cuerpo reposando sobre la cama o en el suelo y de mi propia conciencia. El proceso se sentía muy similar a fantasear o a imaginar cosas, sólo que más vívido. No era como quedarse dormido o perder la conciencia. Usted no perderá la conciencia o el control a menos que se quede dormido mientras intenta viajar. Una vez que los practicantes superan el miedo y realmente intentan el viaje chamánico, su pregunta cambia con frecuencia del tema de la seguridad o del miedo a "¿Cómo sé que no estoy inventando esto?" A medida que realizo más viajes, me vuelvo menos consciente de mi cuerpo mientras estoy en el estado de viaje. Sin embargo, este cambio en mi conciencia ha sido completamente voluntario. Ahora me siento más cómoda, así que puedo profundizar en mis viajes.

Aun así, algunos siguen siendo un poco aprensivos sobre el viaje chamánico—es algo nuevo y diferente y suena realmente extraño. Es normal que todavía se tenga cierta aprensión si no se ha experimentado. Lo último que quiero es hacer que alguien sea más aprensivo que antes. Los viajes que los practicantes experimentan son siempre seguros y usualmente hermosos. No obstante, para mí, ha habido algunos viajes que han sido muy incómodos y a veces aterradores. Por ejemplo, mientras hacía un trabajo de sombras para reintegrar mis aspectos renegados, me encontré cara a cara con la parte de mí misma que había rechazado y de la que me sentía avergonzada—no fue un viaje cómodo. Fue, sin embargo, uno de los viajes más poderosos y efectivos para mi propia sanación y crecimiento.

Todos los que han pasado por una sanación o crecimiento significativo saben que puede ser incómodo, doloroso y aterrador. En el otro lado de una sanación mayor, experimentamos alegría, alivio y liberación. Pero el verdadero proceso es intenso. El viaje chamánico es una de las herramientas más poderosas disponibles para la sanación y el crecimiento. Así que, naturalmente, se deduce que no todas las experiencias chamánicas van a ser sobre amor y luz y la alegría ilimitada de jugar en el mundo espiritual. Algunos viajes serán sobre liberar el dolor pasado, cambiar los contratos dañinos, abrazar las sombras repudiadas y sanar los traumas de vidas pasadas y presentes. Todas estas son experiencias poderosas y profundas, pero puede que no sean del todo cómodas.

Cuando está aprendiendo a viajar, los primeros viajes le llevarán a lugares en el mundo chamánico llenos de amor y luz. Estos viajes hermosos y cómodos le permiten conectarse con sus guías espirituales y aprender las técnicas para viajar de forma fiable y comenzar a construir confianza con sus guías. Cuando esté listo para hacer trabajos mayores de sanación, sabrá que está seguro, protegido y apoyado, incluso si el viaje es emocionalmente fuerte.

Sin embargo, si se siente demasiado incómodo mientras está en un viaje chamánico, hay algunas cosas que puede hacer. Siempre puede pedirle a sus guías espirituales que encuentren una manera más sutil y gentil de mostrarle algo o de hacer sentir mejor su presencia, apoyo y protección. Usted puede regresar a su jardín sagrado y continuar el viaje en ese lugar. Se han presentado ocasiones en las que me he parado en mi jardín (es decir, mi lugar de poder) y el guía con quien hablo ha estado parado fuera de mi jardín antes de que yo siguiera la conversación. Finalmente, siempre puede salir de un viaje—ya sea a través de los pasos habituales o simplemente abriendo los ojos. No creo en el masoquismo ni el "machismo" espiritual. Siempre habrán oportunidades de hacer un esfuerzo para superar algo incómodo si eso le ayuda a crecer, pero si la incomodidad, el dolor y el miedo son abrumadores, usted no crece ni sana. De hecho, puede terminar añadiendo cargas a los daños existentes. Si no está listo para pasar por algo, honre el hecho de que no está listo, preferiblemente sin juicio. En su lugar, busque pasos más pequeños para comenzar a abordar el problema.

Usted puede hacer un viaje usando todos los recursos que el mundo de los espíritus tenga para ofrecerle en cuanto a seguridad y comodidad al sanar un problema dado, incluso antes de que viaje directamente a sanar dicho problema. Por ejemplo, si se siente abrumador abordar su miedo a la muerte, podría preguntarle a sus guías qué recursos y lecciones pueden ofrecer para ayudarle con el abordaje de ese miedo. Podría haber un nuevo animal de poder que le ayudará, y usted podría pasar unos cuantos viajes construyendo una relación con dicho animal de poder y aprendiendo a confiar en él. Para sus viajes más desafiantes, vaya con guías a quienes ame y en quienes confíe y permítase salir antes si lo que está experimentando es demasiado para usted.

Desarrollando su práctica chamánica

Sus guías espirituales le ayudarán a encontrar su camino a través de la realidad chamánica. Los pasos que describo le llevarán a un lugar de encuentro con su(s) maestro(s) y animal(es) de poder. Para muchas de las preguntas que puede tener sobre el viaje chamánico, será más apropiado preguntarle a sus guías. He estudiado con un número de diferentes maestros humanos en mis exploraciones chamánicas e, invariablemente, cuando se les hace una pregunta difícil o complicada, le dirán a la persona que le pregunte a sus guías espirituales.

Creo que cuando el chamanismo es puesto en un contexto de exclusividad, disponible sólo para unas pocas y especiales personas, o accesible sólo a través de rutas muy específicas, el poder y la fuerza del mismo es bloqueado y restringido. Encerrar al chamanismo en una tradición rígida y excluyente puede causar que la energía se estanque. Así que le animo a que tome lo que he presentado como sugerencias en lugar de reglas, y a que trabaje con su propio enfoque en las prácticas chamánicas, con sus propios guías espirituales y maestros. Por dicho motivo, ellos están dispuestos a comunicarse con usted dentro del contexto y marco de su elección; sus guías espirituales le ofrecerán entrenamiento chamánico acorde a sus necesidades si así lo requiere.

El chamanismo está disponible para todos aquellos que optan por invertir el tiempo y la energía para aprenderlo. Un breve estudio de las prácticas chamánicas en todo el mundo muestra que los enfoques y prácticas son tan diversos como las personas que lo practican. Sin embargo, a pesar de todos sus tipos y variedades, al final, el chamanismo está siendo utilizado en todo el mundo con el mismo propósito: formar una relación directa con el mundo espiritual para la sanación, el conocimiento y la sabiduría de cada uno de los practicantes, así como de la comunidad en conjunto.

PARTE 2
LA VISIÓN CHAMÁNICA DEL MUNDO Y LA RELACIÓN CORRECTA

Capítulo 4—Alineación Correcta y Límites Energéticos

Relación correcta

Desde la perspectiva chamánica, todas las cosas tienen espíritu y energía y es posible interactuar directamente con el mundo natural que nos rodea. El universo no es un sistema pasivo e indiferente, sino que vive y respira. Cuando usted está en una relación o alineación correcta con el universo, éste trabajará activamente para protegerle, apoyarle y cuidarle.

Esto es diferente de la visión judío-cristiana del mundo occidental. En esa mitología, los humanos fueron exiliados del Jardín del Edén. En muchas culturas indígenas, el mito no es que fueron expulsados del Jardín del Edén, sino que sus tierras ancestrales son su jardín, creado por lo divino para cuidarles.

Alberto Villoldo da un buen ejemplo de la diferencia en las visiones del mundo con el ejemplo de alguien siendo atacado por una pantera mientras camina a través de una selva. Tanto la persona del mundo moderno y tecnológico como la persona de una cultura indígena buscarían primero el tratamiento médico más moderno disponible. Una persona moderna podría salir y comprar un arma potente para protegerse en el mundo natural, o simplemente evitar dichos lugares. Alguien proveniente de la cultura indígena, sin embargo, buscaría un chamán para averiguar cómo se interrumpió su relación o alineación correcta con el mundo natural para que este se volviera inseguro. Ellos tratarían de corregir el desequilibrio dentro de ellos mismos. Esto puede ser una simplificación excesiva, pero me gusta la forma en que ilustra las perspectivas e interpretaciones opuestas del mundo natural.

Dentro de nuestra cultura moderna, rara vez tenemos que preocuparnos de ser atacados por panteras, pero luchamos cada día con una infinidad de problemas complejos—familia, amantes, finanzas, el mundo laboral, por no hablar del tráfico. Sin embargo, cuanto más estoy en alineación con el universo, más suerte y bendiciones experimento. Encuentro espacios de estacionamiento sin esfuerzo en calles concurridas, extraños son amables conmigo y se toman la molestia de ayudarme, me encuentro con las personas adecuadas en el momento adecuado, ya sean amigos, parejas o clientes, y, sobre todo, las cosas que pido entran rápidamente en mi vida.

Cuando me preparé para abrir una oficina para recibir clientes, el universo se movió en mi nombre. De la nada, una de mis amigas más queridas decidió que estaba interesada en instalarse conmigo. Encontramos un espacio que era exactamente del tamaño adecuado, situado a medio camino entre nuestras casas, por exactamente la cantidad de dinero que queríamos gastar. Hicimos una lista de todas las cosas que queríamos tener en nuestra oficina y más de la mitad vino a nosotras como regalos en lugar de compras. En una ocasión, salí con otro amigo para conseguir un pequeño refrigerador y terminé yendo a tres lugares para encontrarlo. Le comenté después del segundo lugar que era extremadamente inusual que algo fuera tan difícil y que no me sorprendería si el universo ya tuviera un refrigerador en camino. Como era de esperarse, dos días después, encontré una oferta que incluía un mini-refrigerador gratis.

Una de las maneras en que logramos ese tipo de alineación con el universo, esa relación correcta, es sanando viejas heridas y despejando bloqueos para que la energía universal pueda fluir libremente en nuestras vidas. Mientras más sanamos, más energía podemos traer al momento actual y más fácilmente podemos manifestar nuestros sueños y deseos. Cuando nuestra atención está plenamente en el presente, nos permitimos percibir muchas más opciones. El viaje chamánico ofrece una poderosa herramienta para sanarnos a nosotros mismos y conscientemente llevar nuestras vidas a la alineación correcta con el universo.

Energía y experiencias "negativas" desde una perspectiva chámanica

El concepto de energía negativa es interesante. Los seres humanos son excelentes para polarizar todo—luz y oscuridad, arriba y abajo, masculino y femenino, etc. Por supuesto, esto nos hace empezar a fijar juicios polarizados a los opuestos—buenos y malos, positivos y negativos. Creo que la energía no es ni buena ni mala; es sólo energía, y cómo es dirigida determina la forma en que la experimentamos. Naturalmente, hay energías que nos nutren y se sienten bien, como la energía asociada con el amor, y energías que se sienten desagradables, como la energía del miedo. Sin embargo, el miedo sirve para un muy valioso propósito en términos de nuestra supervivencia, por lo que no es malo, sólo mal aplicado y mal dirigido en ocasiones.

Debemos tener en claro que la energía no es innatamente buena o mala, y que la forma en que esa energía es dirigida determina cómo la experimentamos. Cuando la energía es mal dirigida durante extensos períodos de tiempo, se estanca y deja de fluir, haciendo que sea difícil de cambiar. Es natural experimentar todo el espectro de emociones, pero si estamos enojados todo el tiempo o si nunca lo estamos, la energía está siendo bloqueada y no se le permite que fluya naturalmente.

Cuando pensamos en energía, en lugar de entenderla como positiva o negativa, resulta más útil observar si está o no en alineación correcta con el universo. Cuando la energía se estanca y bloquea, ya no está en una relación positiva con el universo. Cuando la energía es aplicada bajo una relación correcta con el universo, esta nutre, sana, fluye e infunde. Cuando está desalineada, se vuelve pesada e inerte, difícil de acceder y casi imposible de usar. Cuando se habla de energía negativa, usualmente se trata de energía que ha sido mal dirigida y que está desalineada, por lo tanto, se siente dañina o tóxica.

Con el tiempo, esta energía bloqueada asociada con la ira, o la falta de ésta, se volverá pesada, oscura, "pegajosa" y se sentirá incómoda. Comenzará a bloquear el flujo natural de la energía vital a través de nuestros cuerpos y eventualmente puede manifestarse en enfermedad, física o mental. Si la ira se utiliza para cubrir el dolor o el miedo, la energía del dolor y el miedo no puede liberarse, por lo que se atasca en nuestros cuerpos o auras. La mayoría de las personas experimentan esta energía estancada y bloqueada como negativa.

Es importante saber la diferencia entre algo que es negativo y algo que es simplemente desagradable o incómodo. Muchas experiencias importantes de crecimiento son incómodas y a menudo desagradables. No me gustan las experiencias relacionadas con crecimiento, pero me encanta haber crecido tanto que agradezco y busco dichas experiencias. Cuando pienso en las experiencias más traumáticas y dolorosas de mi vida, si bien nunca elegiría pasar por ellas de nuevo, no elegiría no haberlas vivido. Si bien fueron horribles, puedo apreciar los regalos que vinieron de cada una de ellas.

Por ejemplo, tuve una experiencia de abuso sexual cuando era niña. Nunca le desearía eso a nadie. Esto causó estragos en mi percepción del mundo en muchos sentidos, pero el universo me trajo todo lo que necesitaba para sanar esa experiencia. Ahora soy capaz de entender mejor, empatizar y mantener cierto espacio para ayudar a mis clientes con tipos similares de trauma a sanar, pues yo misma he recorrido ese camino. Compartir mi experiencia hace que sea seguro para mis clientes que han experimentado abuso sexual hablar de ello y sanar sus heridas. Esa horrible y desesperante experiencia que viví siendo una niña de cinco años, abrió paso a una oportunidad de sanación más profunda para mis clientes. El trauma de mi niñez hace progresar el propósito de mi alma como adulta.

Mantenga buenos límites energéticos

Para permanecer en una alineación o relación correcta con el universo es importante ser consciente de la relación energética. Tenemos que prestar atención a si estamos dirigiendo la energía apropiadamente o si estamos desviándola. Estamos profundamente interconectados en un nivel energético. Al reconocer esto conscientemente, tenemos una mayor oportunidad de elegir qué energía ponemos en el mundo y qué energía asimilamos.

Algunas personas irradian luz y amor—pueden caminar a través de una tienda llena de personas y dejarlas sonriendo al pasar. Otras personas crean olas de drama, frustración e irritación. La cólera de la autopista se acumula dentro de una densa área de personas frustradas, todas atrapadas en el tráfico. Los aeropuertos a menudo dejan a las personas sintiéndose cansadas y agotadas—existe una mezcla de emociones humanas: alegría, terror, despedidas, saludos, fatiga, emoción. Puede que hasta haya tenido en algún momento la experiencia de entrar en un lugar y ya sea amarlo u odiarlo, incluso antes de mirar a su alrededor.

Hay un montón de técnicas, metafísicas y convencionales, que nos ayudan a mantenernos centrados y no dejarnos llevar por lo que está pasando a nuestro alrededor. Por ejemplo, ¿cuántas veces ha escuchado "respire profundo"? Cuanto más energéticamente sensible sea, más importante es desarrollar técnicas para que la energía a su alrededor no tenga un impacto adverso.

No permitir que la ira, el mal comportamiento o la estupidez de otra persona arruinen su estado de ánimo o su día es la clave para aferrarse a su propio poder. Si permite que un extraño le haga infeliz, le da la capacidad (es decir, el poder) de impactar negativamente en su vida. A veces es imposible evitar estar molesto, pero vale la pena considerar a quién le da su poder y atención y si esa es la elección más sabia.

Todas las emociones fuertes—amor, ira, odio, miedo— tienen energía asociada con ellas. A menudo, cuando tenemos sentimientos fuertes sobre algo o alguien, enviamos inconscientemente energía. Cuando se siente muy enojado con alguien, es importante asegurarse de no enviar esa ira a esa persona. Del mismo modo, no es recomendable estar abierto a recibir la energía de la ira u obsesión dirigida hacia usted por alguien más.

Una falta de límites energéticos apropiados puede ser desagradable para cualquiera que sea sensible a tales cosas. Las personas con límites mediocres en la realidad ordinaria también tienen límites energéticos muy mediocres. Pueden incluso impregnar su entorno inmediato con su propio miedo e ira. Si alguien está explorando sus habilidades metafísicas, cualquier energía que provenga de él, agradable o no, es amplificada.

Hay muchas maneras de manejar la energía que asimilamos del mundo que nos rodea. Es vital encontrar una forma de filtrar la energía que entra en nuestros campos energéticos. De esa manera, podremos tomar y sentir el amor y la luz a nuestro alrededor. También es bueno ser capaz de percibir la energía desagradable, ya sea que provenga de una persona, un lugar o un objeto. Obtener información de que algo es desagradable y tal vez perjudicial es información intuitiva que resulta valiosa e importante. Esto le ayudará a tomar buenas decisiones para mantenerse seguro, pero lo ideal es percibir esa energía sin tomarla o aferrarse a ella.

El método más simple para controlar la energía que asimilamos es poner algún tipo de escudo energético. Esto se puede lograr usando la intención y la visualización. Puede simplemente pedir ser protegido o escudado cuando esté en un lugar con energía mixta, como un centro comercial, un bar o un aeropuerto, o cuando esté en una situación difícil. Siga repitiendo esa intención cada vez que comience a sentirse energéticamente impactado por lo que está a su alrededor. También puede visualizar cualquier tipo de escudo. Yo elijo verme rodeada de luz dorada. Algunas personas usan luz blanca. Un clásico escudo chamánico es verse a uno mismo dentro de un huevo azul translúcido.

Si no le gustan esos métodos, haga un viaje chamánico para pedirle a sus guías ayuda con la protección. Puede que haya guías espirituales o animales de poder que le ayuden a protegerse, o bien pueden darle sugerencias específicas. Varias personas utilizan hierbas, cristales, esencias y amuletos para mantenerse protegidos. Haga lo que haga, asegúrese de ser muy específico en su intento de filtrar cualquier energía que no le sirva para un bien mayor. Procure nunca aislarse completamente del flujo energético, pues sigue siendo importante obtener información proveniente de esos tipos de energía incómodos.

Otro método es fortalecer su propio campo energético. Esto es especialmente bueno porque, además de darle una buena protección energética, mejora y aumenta su flujo de energía vital y bienestar energético. Esto se puede hacer simplemente visualizando que la energía de la tierra entra a través de las plantas de sus pies y que la energía del universo fluye hacia su chacra coronario. Cómo fortalecer su campo energético es una gran pregunta para sus guías en un viaje chamánico. Si aprende mejor con libros, Ted Andrews tiene un excelente libro llamado *Psychic Protection (Protección Psíquica)* que trata principalmente sobre el manejo de la energía que asimilamos y el fortalecimiento de nuestro ser energético. La ventaja de este enfoque es que, si usted está lleno de energía, puede que no necesite crear un escudo energético distinto. En su lugar, su fuerte y despejado campo energético se hará cargo de eso por usted.

En situaciones donde existe un conflicto significativo con alguien, a veces me encuentro más apta para sobrellevar la situación de lo que desearía. En ese caso, empiezo cortando las cuerdas de energía entre nosotros. Vea la sección sobre cortar cuerdas para más información. Si sigo teniendo problemas, hago un viaje chamánico y le pido ayuda a mis guías con esa situación. A menudo hay lecciones que necesito aprender de ciertas situaciones, y mis guías siempre están para ayudarme. Nuestros guías también ayudan a asegurar que estemos energéticamente protegidos.

Tener un alto nivel de sensibilidad energética muchas veces se siente como una terrible desventaja. Mientras que los que le rodean pueden ser perfectamente felices en una situación caótica y disfuncional, la persona energéticamente sensible entra en crisis. Es muy difícil ser la persona más energéticamente consciente en un sistema familiar, pero la sensibilidad energética es un don; es uno que toma más esfuerzo hacer que trabaje a nuestro favor. Es importante desarrollar habilidades para protegernos y aprender cómo dar sentido a la información que se obtiene de esta conciencia. La sensibilidad energética le permite experimentar un nivel mucho más profundo de conexión con el mundo que le rodea y con las personas en su vida. También es un regalo muy importante para cualquier persona que haga trabajos de sanación de cualquier tipo. No siempre ha sido sencillo ser tan sensible como soy, pero no lo cambiaría por nada.

La energía que sale

Es común pensar en la energía que experimentamos y asimilamos. Generalmente, pasamos muy poco tiempo mirando la energía que estamos enviando hacia el mundo. Recuerdo una conversación con una amiga en la que ella estaba hablando sobre inhalar miedo y confusión y exhalar bondad amorosa. Pensé que estaba loca por su idea de asimilar deliberadamente la energía desagradable, pero ella mantenía con firmeza que quienes inhalan energía positiva y exhalan la negativa, no están siendo de gran ayuda. Aún no estoy de acuerdo con ella, pero considero que tal perspectiva es diferente e iluminadora.

Para estar en buena relación y armonía con el mundo que nos rodea, debemos prestar atención a qué tipo de energía enviamos al exterior. Como seres humanos, enviamos energía al mundo en una variedad de maneras. Las emociones fuertes (alegría, ira, tristeza, amor) crean un impacto energético en quienes nos rodean. También almacenamos energía en nuestros cuerpos. Mucho después de que una herida física ha sanado, puede haber una herida energética todavía presente. Cualquier tipo de trauma emocional puede causar que mantengamos esa energía almacenada en nuestro cuerpo. Cuando esas heridas reciben un empujoncito, pueden convertirse en faros energéticos, transmitiendo así su energía. Si bien sería más cómodo si nunca tuviéramos que lidiar con viejas heridas y si la ira y la tristeza no fueran parte de nuestras vidas, siguen siendo una parte fundamental e importante de la experiencia humana.

Para permanecer en relación correcta o armoniosa con el mundo que nos rodea cuando estamos enojados, tristes o experimentando emociones fuertes y difíciles, tenemos que prestar un poco de atención a la forma en que enviamos esa energía al mundo. Ser honestos con nosotros mismos sobre lo que estamos sintiendo y experimentando remueve una gran cantidad de toxicidad de la energía. Es de gran impacto si reconocemos que estamos enojados o incluso furiosos.

También es importante elegir un curso de acción responsable y ético que nos honre a nosotros mismos y a los que nos rodean. Podemos hacer mucho simplemente expresando a nuestros guías o al universo que estamos liberando esta energía y pidiendo que no dañe a nadie, sino que sea reciclada y utilizada de manera beneficiosa. Esto sólo requiere un momento, un pensamiento o una oración; sin embargo, el impacto es enorme. Haga lo que haga, no se aferre a esta energía; no se encierre y trague su ira o sus sentimientos. Libérelos con la intención de que no hagan daño, ya sea que tome o no alguna acción externa.

También es importante monitorear específicamente qué energía está enviando a otras personas. Mientras más desarrolla sus habilidades en el trabajo de energía chamánica, más probable será que impacte a otros con sus emociones fuertes. Si se encuentra muy enojado con alguien durante un extenso período de tiempo, es importante mantener buenos límites energéticos y asegurarse de que no está enviando esa energía en su dirección.

La obsesión romántica es un área donde sé que tengo que cuidar mis límites energéticos. Cuando conozco a alguien y siento toda esa energía temprana de atracción, esperanza e incertidumbre, especialmente si estoy esperando a que tal persona me llame, tengo que cuidarme de no hacer contacto con él energéticamente. Cuanto más poder y habilidad usted obtenga o se le otorgue, mayor será la responsabilidad de asegurarse de que no está abusando de nadie, ni siquiera inconscientemente.

En este caso, reitero: comience con su intención. Declare con firmeza que usted no desea que sus emociones fuertes, como la ira o la obsesión, impacten a la otra persona de ninguna manera. Siga enfocándose en esta intención mientras exista la necesidad. Además, considere viajar para pedir ayuda a sus guías. Ellos le darán más información sobre las lecciones que están en juego y el camino más claro y saludable para usted a través de la experiencia.

Liberación de energías pasadas

Cuando estamos pasando por un proceso de sanación, se libera la energía que se ha tornado tóxica en nuestros cuerpos y campos energéticos. Una vez asistí a un seminario que incluía un intenso trabajo de energía todo el fin de semana, durante el cual quedé tan hambrienta que comí cerca del doble de la cantidad de comida que suelo comer sin hacer ejercicio. Sin embargo, al final del fin de semana, había despejado tantos focos energéticos que perdí varias libras. Esto me hizo sentir ligera tanto energética como físicamente. Liberar esta energía estancada es una de las mejores cosas que podemos hacer por nosotros mismos.

En mis viajes chamánicos, mis guías a menudo sacan la energía dañina que se ha acumulado en mis chacras sacro y plexo solar. Uno de mis animales de poder a menudo se come esa energía. Pensé que era increíblemente extraño la primera vez que sucedió, pero me explicó que esto evitaba que yo absorbiera esa energía de nuevo. Además, mi animal simplemente convierte la energía que es negativa para mí en energía de vida universal.

Cuando hago una sesión de sanación energética, llamo a mis ayudantes espirituales para que reciclen la energía inútil que remuevo de mis clientes. Reitero, no toma más que una fracción de segundo enfocar mi intención para que la energía que elimine sea rápidamente devuelta a su estado natural, en el que no es ni buena ni mala, sólo energía vital. Se siente especialmente bien que, a medida que saco la energía estancada de viejas heridas y hago que sea reciclada, simultáneamente atraigo energía universal sanadora para alimentar a mi cliente. Mi lado "ingeniero" entiende que el impacto neto en la energía del mundo es inexistente, pero mi cliente queda libre de dolores pasados y lleno de luz.

Recomiendo encarecidamente que, como parte de sus exploraciones chamánicas, le pregunte a sus guías sobre cómo tratar con energía que necesita ser transformada y transmutada. Esto no tiene que ser un proceso complicado o elaborado, pero tomarse un momento para pensar sobre este problema hará mucho para mejorar su relación con el universo. Sandra Ingerman habla en sus libros acerca de muchas formas diferentes en que puede reciclar lo que experimentamos como energía negativa en energía útil y beneficiosa.

En el pasado, usamos la tierra para disponer de energía. Aun cuando la tierra puede estar dispuesta a trabajar con usted para reciclar energía, es importante no reflejar nuestra relación física con la tierra en la que los seres humanos toman lo que quieren y luego se deshacen de los residuos tóxicos. Si envía energía de la que quiere deshacerse a la tierra, hágalo con la intención de que actúe como abono, descomponiéndose para nutrirla. Puede enviar energía al sol con una intención similar. No hay una respuesta correcta o perfecta, pero cuanto más trabaja con el chamanismo y la energía, más importante se vuelve pasar algún tiempo pensando en lo que hace con la energía cuando quiere deshacerse de ella.

Capítulo 5—La Perspectiva Chamánica sobre la Enfermedad y la Muerte

Pensando en la enfermedad

La perspectiva chamánica sobre la enfermedad es cualquier cosa menos simple. A muchas personas les gusta una perspectiva de causa y efecto porque les permite sentirse más seguras, pero eso se asemeja a niño que tira de una manta sobre su cabeza para protegerse del peligro. Funciona muy bien para el tipo de peligro imaginario e intangible, pero no es una gran estrategia para el peligro físico inmediato. Nunca puede asumir que alguien está enfermo debido a problemas emocionales o psicológicos sin resolver, aunque a veces ese sea el caso. Tampoco puede suponer que, si la medicina moderna no puede curarlo, alguna práctica espiritual restaurará su salud física, aunque a veces eso suceda.

En nuestra moderna y tecnológica cultura, la enfermedad es a menudo vista como un enemigo contra el que hay que luchar. Cuando una persona está enferma, de resfriado común o cáncer, quienes están a su alrededor están llenos de consejos sobre cómo curar la condición. El objetivo es hacer que la enfermedad desaparezca lo más rápido posible. Cuando los intentos de deshacerse de los síntomas fallan, a menudo ocurre un proceso de culpar al médico, la medicación ineficaz, o bien el paciente se hace responsable. Es una falacia asumir que la enfermedad puede ser vista en términos simples de causa y efecto. Sin embargo, nuestros científicos siguen buscando esa información con miles de estudios sobre las causas de las enfermedades del corazón y otras.

Existe un miedo cultural en torno a la enfermedad. Invertimos una gran cantidad de energía tratando de protegernos contra cualquier cosa que pueda enfermarnos. Las bacterias y los virus son vistos como hostiles en todas partes, lo que requiere medidas complejas de sanidad y protección. Si bien es cierto que higienizar nunca es una mala idea, también existe el peligro de que manifestemos nuestros propios miedos a partir de las historias que nos contamos a nosotros mismos. Si estamos seguros de que algo nos va a enfermar, es probable que así sea.

Dentro de las comunidades metafísicas y psicológicas, hay muchos estudios sobre cómo los problemas emocionales o psicológicos no resueltos conducen a la enfermedad. Si bien es cierto que alguien que nunca expresa ira, por ejemplo, puede experimentar alguna forma de enfermedad física, lo opuesto no es cierto. Conozco personas que son íntegras, saludables e iluminadas, emocional y psicológicamente, pero que tienen graves problemas físicos.

Personalmente, siento mucha petulancia y frustración cuando estoy enferma o con dolor, incluso cuando reconozco que mis propias decisiones, como no dormir lo suficiente, condujeron a mis dolencias. Si no puedo ver dónde exactamente mis decisiones provocaron mi enfermedad, me enojo sobremanera. Quiero que se arregle inmediatamente, y así, después de tratar mi condición con medicina convencional, siempre busco el chamanismo y la sanación con energía. El problema es que no siempre funciona. He tenido momentos en los que me he sentido físicamente horrible, pero mi energía ha sido despejada y esparcida correctamente a través de mi cuerpo.

Desde una perspectiva chamánica, la enfermedad no es un enemigo o un fracaso; puede ser vista como una maestra. La enfermedad siempre trae estrés e incomodidad, pero también ofrece oportunidades para el crecimiento y la sanación. Alberto Villoldo hace un excelente trabajo al poner esto en palabras cuando habla de la distinción entre una cura y una sanación. Una cura significa que los síntomas desaparecen, pero a menudo la lección no ha sido aceptada, explorada o aprendida. En una sanación, los síntomas pueden o no desaparecer, pero las lecciones y los regalos son agradecidos y dominados. Es algo encantador cuando los síntomas físicos desaparecen durante el proceso de sanación, pero el papel del practicante chamánico es asistir al cliente en la comprensión de las lecciones y regalos de la enfermedad para así sanarse a sí mismos.

Uno de los desafíos para un practicante chamánico es caminar esa línea de ser humano, así como ser un hueso hueco o un conducto para obtener información del mundo de los espíritus. Como seres humanos, naturalmente queremos que nuestros esfuerzos chamánicos lleven a la restauración de la salud física de nuestros clientes. Sin embargo, a veces ese resultado no es el mejor para ellos, ya que pueden haber tomado decisiones y establecido contratos para usar una enfermedad como forma de aprender una importante lección. Si no honramos eso, no estamos ayudando ni sanando.

Por ejemplo, digamos que he estado tratando de lidiar con muchas cosas al mismo tiempo, pues me siento apta para hacerlo, e ignoro los mensajes de mis guías espirituales y de mi cuerpo de que necesito calmarme, tomar tiempo para descansar y reducir la estimulación. Luego, caigo enferma, como eventualmente ocurre si ignoro estos mensajes el tiempo suficiente. Si mis guías espirituales, mi propia habilidad con el trabajo de energía, o un compañero sanador instantáneamente quitaran la enfermedad, no tendría ningún incentivo para cambiar mi comportamiento. Mis guías y mis propias herramientas me ayudan a moverme con más gracia a través de la experiencia de estar enferma, pero no la remueven. Hacerlo me privaría de una valiosa lección.

Un concepto que ha sido explorado ampliamente con respecto a los adictos es el de tocar fondo, lo cual se define como el punto en el que las cosas se vuelven tan horribles que la persona está dispuesta a pasar por lo que sea necesario para liberarse de su adicción. Para algunas personas es la pérdida de un familiar, o algún otro evento similar. Para otras, pueden estar viviendo en la calle y aún no tocar fondo.

Para cada persona es diferente saber en qué punto las cosas se ponen tan incómodas que están dispuestos a pasar por el miedo, el dolor y el trabajo duro necesarios para crecer y cambiar. Si intenta ayudar a un adicto antes de que toque fondo, puede ocurrir que sus esfuerzos y energía mantengan todas las consecuencias a raya, negándole una muy necesitada llamada de atención.

Esto aplica en un sentido más amplio a las lecciones que aprendemos como seres humanos. Para las lecciones realmente importantes, el universo seguirá aumentando las consecuencias hasta que toquemos nuestro fondo personal. Cuando hago de más, me canso y me siento menos feliz con el mundo. Si sigo haciendo de más, me enfermo. Si no me detengo, me enfermo aún más. No dudo que, si persistiera en este comportamiento a largo plazo, eventualmente desarrollaría un problema de salud severo y crónico.

Y, sin embargo, las consecuencias de nuestras acciones y decisiones son sólo una de las muchas razones de nuestras enfermedades. Tuve la oportunidad de asistir a una clase chamánica sobre la muerte con una instructora que tenía problemas físicos significativos. Empezó la clase diciéndonos que no nos preocupáramos por ella—que emocional y espiritualmente ella estaba completamente sana y plena y, como resultado, los problemas físicos no eran motivo de preocupación. Nos dijo que uno de los regalos de esto era que, cuando llegara el momento de su muerte, su apego al cuerpo físico sería mucho menor.

Debido a que ella había dominado las lecciones que provenían de su enfermedad física de excelente forma, lo que estaba sucediendo con su cuerpo físico no tenía el poder de afectar su conciencia espiritual clara y centrada. Cuando ella muera, será un proceso claro, despierto y consciente, totalmente libre de miedo o apego. Uno de nuestros miedos más primitivo, el miedo a morir, no tiene poder sobre ella. Además, como maestra, les mostraba a sus alumnos una manera diferente de ser fuertes y completos, sin importar que no poseyéramos el estilo físicamente robusto al que estamos acostumbrados.

Pasé un año haciendo trabajos de sanación de energía como voluntaria para una organización que proporcionaba servicios gratuitos a personas con VIH. Un regalo de esta etapa fue la oportunidad de conocer y trabajar con personas que estaban lidiando a diario con la posibilidad de morir, así como con una gran cantidad de aspectos físicos del VIH y los medicamentos para controlarlo. Si bien conocí a personas que estaban asustadas y enojadas, también tuve la oportunidad de conocer a otras que estaban muy avanzadas espiritualmente.

No me gusta la práctica de comparar el crecimiento espiritual como si fuera lineal o jerárquico, pero estoy muy consciente de que pasé tiempo en presencia de personas que habían dominado las lecciones que yo estaba empezando a aprender. Su claridad espiritual y equilibrio me dejaron sin aliento, y tuve la oportunidad de ofrecerles energía sanadora para aliviar algunos de sus severos síntomas físicos. Tenía la fuerte sensación de que pasaba tiempo con personas que, a través de su experiencia con el VIH, dominaban las lecciones de vida en las que habían elegido trabajar. Completado ese proceso, se estaban preparando para morir.

Al mirar la enfermedad desde una perspectiva chamánica, y especialmente la enfermedad catastrófica, piense en los regalos y las lecciones. No estoy criticando el modelo médico—estoy completamente a favor de que vaya a su médico si está enfermo y que aproveche las técnicas médicas más actualizadas disponibles. Por ejemplo, en las culturas indígenas se esforzaban en detener el sangrado de un paciente antes de sacar los tambores y sonajeros para invocar ayuda espiritual. La medicina moderna ofrece curas, y hay un gran valor en ello. Sin embargo, después de ver a su médico, ya sea que le haya proporcionado o no una cura, es hora de buscar sanación y examinar los regalos y las lecciones relacionadas con su enfermedad.

Uno de los principales regalos de una enfermedad es la oportunidad de descansar y evaluar lo que es realmente importante. Nuestros cuerpos son una parte crucial de la experiencia de ser humano—permiten nuestra experiencia física. Sin embargo, muchas personas, incluyéndome, tienden a ignorarlos y descuidarlos. Nos enfocamos en hacer y no en ser, dejando de lado nuestros momentos de descanso. Sentarse sin hacer nada está mal visto en nuestra cultura y, sin embargo, puede ser una de las habilidades más desafiantes y gratificantes que podamos dominar como seres humanos. La enfermedad nos da la oportunidad de explorar la importancia del descanso.

La enfermedad y el dolor físico podrían ser considerados como parte del curso maestro para maximizar el poder personal y elegir activamente cómo caminar a través del mundo. En general, estoy muy feliz con mi vida. Mi sentido de conexión con el espíritu, el equilibrio y la gratitud rara vez está lejos de mi conciencia. Sin embargo, también soy consciente de que tengo muchos regalos—mi salud es buena, mis finanzas son razonables, estoy rodeada de personas que me aman, estoy en el camino espiritual perfecto, y tengo una gran cantidad de tiempo y energía para utilizarlos como yo elija. Dominar mi estado actual de ser con algunos o todos esos aspectos removidos es un desafío mucho mayor.

Quienes lidian con enfermedades y dolores crónicos y son felices en sus vidas, pues se sienten conectados con el espíritu y experimentan el equilibrio y la gratitud la mayor parte del tiempo, han dominado una lección espiritual muy difícil. Y el regalo que le dan al mundo es enorme. Además del amor, la luz y la belleza que emanan personas como estas, son una verdadera inspiración. Cuando alguien tiene éxito con gracia y alegría contra situaciones que son mucho mayores que las que nosotros enfrentamos, es mucho más fácil ver nuestros propios obstáculos como manejables.

Para un practicante chamánico, o cualquier tipo de practicante de sanación, hay un regalo adicional que viene con el dolor y la enfermedad: la oportunidad de desarrollar un sentido mucho más profundo de empatía y compasión por aquellos a quienes ayudamos y apoyamos en sus enfermedades. Entender cuán agotadora, frustrante, dolorosa y temible es la enfermedad física nos ayuda a tratar a las personas con las que trabajamos con compasión y sin juzgar, ya sea que cambien y crezcan o que elijan quedarse donde están.

La perspectiva chamánica sobre la muerte

Muchas personas dicen que quieren morir de manera rápida e instantánea, sin un momento de conocimiento previo de que han llegado al final de sus vidas. Pero, luego de trabajar con personas con VIH y habiendo conocido a personas que murieron de cáncer, puedo ver claramente los regalos de una muerte lenta y prolongada. Esto les da a las personas la oportunidad de reflexionar y crecer. Tienen la oportunidad de decir lo que tengan pendiente a sus seres queridos. Pueden mirar su vida, revisarla y prepararse para liberarse de su cuerpo físico. Puede ser un proceso hermoso. No es así para todos, naturalmente. Para algunas personas es horrible y aterrador y odian cada minuto de ello.

No podemos escoger el tipo de muerte que desearíamos que otros experimentaran; debemos honrar la muerte que cada persona escoge para sí. Pero todo el mundo tiene una opción, y cada vez que alguien muere lentamente, el universo le ofrece el regalo de crecer y aprender más en unos pocos meses que lo que aprendió en los días anteriores de su vida. Cuando uno se enfrenta a la muerte, de repente muchas de las cosas que ocupan nuestra energía y atención dejan de importar, y una muerte lenta ofrece el regalo de semanas, meses o años donde nuestra atención se centra en lo que es verdaderamente importante para nosotros.

De hecho, las almas que se pierden o atascan con frecuencia después de la muerte, son las almas de quienes mueren de repente, sin advertencia. A menudo, su conciencia no sabe que han muerto y está confundida y asustada. Estas son las almas que necesitan ayuda para seguir adelante. Por otro lado, alguien que hace las paces con el proceso de morir antes de cruzar es poco probable que necesite los servicios de un practicante chamánico para ir a la luz en el otro lado.

Si trabaja como un practicante chamánico o busca tales servicios, es importante dejar de lado cualquier tendencia a polarizar la enfermedad como mala o no natural. Al trabajar con alguien que está enfermo o que está muriendo, tenga en cuenta que usted busca una sanación, no una cura. El receptor puede o no mejorar físicamente. Esa no es una medida de la efectividad del trabajo chamánico. Es común que un chamán trabaje con un paciente durante toda la noche y que éste muera al amanecer. Si bien la visión moderna del mundo diría que el chamán falló, la visión chamánica dice que el chamán ayudó al alma de la persona a cruzar, plena, sana e intacta, convirtiendo su experiencia de la muerte en algo hermoso y liberador en lugar de traumático.

Lidiando con la pérdida

Al estudiar la perspectiva chamánica y la idea de estar en alineación con el universo, es importante determinar cómo vemos la muerte y la pérdida. La muerte es una parte natural de la vida, pero cuanto más urbanizadas y desconectadas del mundo natural se vuelven nuestras vidas, más difícil se vuelve percibir la naturalidad de la muerte. Vivo en San Diego, donde apenas experimentamos algún cambio en las estaciones. Claro que hay diferencias entre el invierno y el verano en el sur de California, pero si no se presta atención, es fácil ignorarlas.

Era más fácil entender el proceso de la muerte y del nacimiento como natural y entrelazado cuando vivíamos de la tierra directamente y era parte de nuestra experiencia diaria. En nuestra sociedad moderna, tenemos que recordarnos a nosotros mismos, cuando lidiamos con la muerte o la pérdida, que, si bien es muy doloroso, no es malo o antinatural, sino una parte fundamental de la vida.

En lugar de mirar a alguien que muere joven como un fracaso o una grave injusticia por parte del universo, podría ser visto como alguien que se ha graduado tempranamente. Si encarnamos para experimentar ciertas cosas y dominar ciertas lecciones y alguien logra en la mitad del tiempo lo que a otros nos toma una vida entera, entonces, a través de su muerte, inician el paso siguiente.

Ver el proceso natural de la muerte como equivocado, malo, o injusto, hace que el proceso de duelo sea más difícil. Sin embargo, las personas espirituales pueden complicar el proceso de duelo para sí mismas en gran medida. Una persona intuitiva o religiosa puede saber que su ser querido está a salvo, bien y feliz en el más allá. Tal vez incluso han tenido un último momento de contacto con esa persona cuando volvieron a visitarla después de morir, así que quizá decidan que es tonto y autoindulgente llorar. Existe la idea de que nuestra conciencia espiritual nos permite evitar experimentar el dolor de ser humano.

La pérdida es dolorosa y el duelo es natural, saludable y necesario. Puede saber con absoluta convicción que su ser amado está bien y que todo está en orden divino en el universo y su corazón todavía puede doler terriblemente. Sí, los apegos a nuestros seres queridos efectivamente causan sufrimiento, pero elijo amar completamente y confiar en mi propia fuerza y luz que, por mucho que una pérdida duela, se hará más fácil con el tiempo. Así como la muerte es una parte natural de la vida, las emociones también son naturales. Honre su dolor y el de los demás cuando se produzca una pérdida.

Capítulo 6—Ética

Un amigo mío me dijo una vez que la tentación es un indicador maravilloso de cuán incómodos elegimos sentirnos al mirarnos en el espejo. Una vez rechacé un viaje con todos los gastos pagos a Escocia porque no correspondía los sentimientos románticos de la persona que me lo ofrecía. Esta situación me recordó que cuando nuestra ética realmente importa es cuando honrarla requiere un sacrificio—renunciar a algo que deseamos o aceptar una consecuencia para mantener la relación correcta con nosotros mismos. En ese caso, quería seguir siendo capaz de decir "no utilizo a las personas", y no "no utilizo a las personas, excepto cuando tienen algo que realmente quiero". Aun así, fue una de las decisiones más difíciles que he tenido que tomar, especialmente porque mis razones se basaban en algo tan intangible como mis sentimientos acerca del bien y el mal.

Nuestro sentido de la ética trata ante todo de permanecer en una relación correcta con nosotros mismos. Estar a la altura de nuestro estándar personal de ética es fundamental para nuestro sentido del auto-respeto. Debemos esforzarnos por amarnos a nosotros mismos incondicionalmente, pero si no nos aferramos a un estándar ético, se nos hace más difícil respetarnos. El amor propio con ausencia de auto-respeto es complicado.

En una escala mayor, nuestro sentido de la ética trata de permanecer en relación correcta con el universo. El universo amplifica y refleja la energía que ponemos en el mundo. Si nos regimos por altos estándares, ofrecemos justicia y amabilidad a aquellos que nos rodean y enviamos energía positiva al mundo, ocasionando así que la misma vuelva a nosotros desde todas las direcciones.

He descubierto que el universo es muy eficiente usando opciones éticas cuestionables para ayudarnos a avanzar en nuestro crecimiento. Por ejemplo, si alguien intenta hacer que un grupo de personas renuncie a su poder espiritual (y dinero), esa persona se conectará con seguidores que necesitan aprender a confiar y a no mirar fuera de sí mismos. No es una experiencia divertida—se sentirán traicionados y decepcionados. Mi propia experiencia con un sanador poco ético fue lo suficientemente desagradable para convertirse en una memorable lección. De igual manera que se necesitan dos para bailar tango, el universo utiliza la energía mal dirigida de las personas para promover el crecimiento positivo de aquellos que deciden bailar entre ellos. A menudo es doloroso y costoso aprender esas lecciones, y algunas personas eligen repetirlas varias veces, pero todos tienen el potencial para aprender y crecer.

Si bien no parece haber ningún juicio por parte del universo o de nuestros guías espirituales acerca de cruzar líneas éticas, sí hay consecuencias. Así como el universo activamente conspirará a su favor cuando esté alineado correctamente, al dejar de estarlo, puede encontrar que la suerte y la casualidad ya no están de su lado. Cruzar líneas éticas es una de las maneras más rápidas de cortar la relación correcta con el universo. Debido a que la relación correcta es algo energético, cruzar una línea energética o espiritual cambiará su alineación con el universo mucho más rápido que cruzar una línea física. Cuando usa mal el poder y las habilidades en un nivel espiritual, es probable que las consecuencias se manifiesten inmediatamente. No estoy sugiriendo que necesita ser éticamente perfecto o siempre tomar buenas decisiones, pero tome el camino correcto tanto como sea posible.

La ética de su práctica espiritual tendrá un profundo impacto en su vida. Estos estándares éticos son más complicados que la ética del mundo físico. Ser responsable en su práctica espiritual requiere una comprensión de los derechos, límites y existencia de otras personas como seres espirituales. En nuestro mundo físico, es un poco más fácil definir un conjunto de acciones que conducen a lo que muchos considerarían una vida ética. Por supuesto que es un área muy gris, pero es más fácil definir las líneas—no matar, no mentir, no robar—en el mundo físico. Muchos intentan establecer un conjunto similar de reglas y ética para el trabajo de sanación y las prácticas espirituales. Si bien este es un buen comienzo, una comprensión basada en reglas éticas es insuficiente para una práctica espiritual que busque influir en el mundo que le rodea.

Se asume que la habilidad de mover energía o percibir cosas psíquicamente es un don que surge cuando se es una persona sana, evolucionada y espiritual. Esto no es cierto. Estas habilidades aparecen con el tiempo, esfuerzo y práctica. Además, así como algunas personas son talentosas velocistas, hay otras que tienen una facilidad natural para conectarse con el mundo chamánico. Por lo tanto, la habilidad en el viaje chamánico, el movimiento de energía, u otras habilidades metafísicas no denotan que usted o la persona con la que está tratando están automáticamente operando desde un lugar de compasión, claridad y plenitud.

No puedo darle una receta para la práctica espiritual ética, pero para empezar, compartiré algunas de las directrices básicas con las que gran parte de la comunidad chamánica está de acuerdo.

En primer lugar, en su práctica chamánica, es importante honrar la libre decisión de otros. Esto significa no hacer trabajos por otros sin contar con su consentimiento explícito. A menos que sean incapaces de proporcionar ese consentimiento en un estado despierto (por ejemplo, que estén en coma), preguntarle al yo superior de la persona si usted puede hacer un trabajo en su nombre no es una alternativa apropiada, en mi opinión personal. De igual forma, nadie puede solicitar un trabajo en nombre de otra persona a menos que dicha persona le haya dado permiso para hacerlo. Recuerde que, desde una visión chamánica, la enfermedad y el dolor siempre vienen con lecciones y regalos, y la interferencia no invitada podría privar a alguien de la oportunidad de recibirlos.

Cuando trabaje en la realidad chamánica, sea consciente de las cosas para las que está y no está autorizado a cambiar. Si viaja para ayudar a alguien y esta persona le dice en la realidad chamánica que no quiere que haga nada, es importante honrarlo. Todos, ya sea en forma física o no física, tienen el derecho de rechazar un trabajo de sanación, incluso si es ofrecido con la más pura intención. Por ejemplo, un cliente podría pedirme que contacte a su abuela, muerta desde hace mucho tiempo, para sanar una herida en la línea ancestral que se ha transmitido por generaciones. Si la abuela me dijera en la realidad chamánica que no quiere mi ayuda, honraría su petición. También buscaría maneras de asegurarme de que la herida sin sanar ya no impacte a mi cliente sin tener que interferir con su abuela. El universo honra nuestra libre elección y es importante que hagamos lo mismo en nuestro trabajo chamánico.

Existe también una cuestión ética con respecto al motivo de un viaje. Es inapropiado usar el chamanismo como un medio para averiguar sobre otras personas cuando no se le ha preguntado o invitado. A menos que tenga permiso explícito, asegúrese de que le está pidiendo a sus guías que le muestren información sobre usted mismo en relación con otra persona, no directamente sobre esa persona. Cualquier otra cosa sería como leer el diario de alguien sin permiso o espiarlo mientras se está vistiendo, claramente en violación de los límites energéticos.

Otro problema a considerar es que puede no ser apropiado o ético compartir con otros información que obtenga en sus viajes. Por ejemplo, si hago una pregunta acerca de lo que necesito para sanar algo referente a mi relación con un amigo, mis guías pueden mostrarme cosas acerca de ese amigo, pero puede que no sea apropiado para mí compartir esa información con él. La información que recibí en mi viaje habría sido diferente si mi amigo hubiera accedido a que yo viajara por los dos. Así que, en cierto modo, estaría compartiendo información equivocada. También, los practicantes a veces toman información que el resto afirma que viene del espíritu como correcta y sagrada, sin usar su discernimiento sobre la fuente humana. Por lo tanto, si comparte información en estas circunstancias, se arriesga a que alguien tome información incorrecta como una verdad. Tenga en cuenta que, cuando se trata de verdades dolorosas que percibe sobre otros, a menudo es inapropiado y desagradable compartirlas sin invitación.

Si alguien le ha pedido que viaje para él, asegúrese de diferenciar entre lo que se le muestra en su viaje y lo que usted, personalmente, pueda pensar al respecto. Entre más claro y directo un conducto o "hueso hueco" sea, mejor. No trate de elegir lo que debe y no debe escuchar; simplemente transmita lo que se le muestra para tal persona.

Más allá de estas directrices, no hay un libro de reglas establecido sobre lo que constituye una buena ética energética, por lo que tendrá que pasar más tiempo definiendo y pensando en cómo funciona esto para usted. La buena noticia es que sus guías le pueden ayudar a definir lo que está en alineación y lo que no. Cuanto más se mantenga en una correcta alineación, menos serán los baches que encontrará en su vida y más fácil será hacerles frente.

Una premisa importante, en mi opinión, es que, en el mundo espiritual, está lidiando con fuerzas y energías más grandes y más sabias que usted. Hay muchas maneras de entender dichas fuerzas. Existe la noción de algún tipo de Dios, un ser benevolente con un plan maestro para todo el universo. O puede considerar que su ser superior comprende los contratos y las lecciones en las que está trabajando en esta vida. Personalmente, tengo absoluta convicción de que el universo se está moviendo en una hermosa danza, y que todos nosotros como humanos estamos aprendiendo y creciendo.

Creo que mi yo consciente sólo tiene vislumbres y guiños del universo con respecto a la danza superior. Sin embargo, bajo cualquiera de estas perspectivas, está claro que, desde el punto de vista humano, no somos capaces de entender los patrones completos del universo y lo que es mejor para todos. Podemos hacer conjeturas y suposiciones, pero imponerlas a otros es erróneo en el mejor de los casos y perjudicial en el peor.

A medida que comienza a usar su práctica chamánica para influir en el mundo que le rodea, las cuestiones éticas se vuelven más complejas. Se puede hacer mucho bien con técnicas chamánicas. Sólo recuerde siempre trabajar para el más elevado y mejor resultado, en lugar de lo que usted, personalmente, siente que es mejor.

Por ejemplo, conozco a personas que trabajan con energía y rituales para cambiar el clima a su conveniencia. He visto a practicantes que han intentado cambiar el clima con fuerza de voluntad, sin una fuerte conexión con el mundo natural. Lo que causaron fue que el clima los atacara de vuelta, lo cual me hizo sentir muy mal al estar cerca de ellos. Sin embargo, desde un punto de vista ético, estas personas sentían que tenían razón al imponer su voluntad sobre el clima si podían, sin considerar que un cambio en los patrones climáticos (en caso de tener éxito) podría ocasionar un efecto dañino en otros lugares. Este punto de vista presume que el practicante sabe mejor que el universo y el planeta lo que es una buena idea.

Por otro lado, un papel fundamental que cumplen los chamanes en las sociedades tradicionales es ser intermediarios e influir en el mundo natural en nombre de la comunidad. Un chamán que está en correcta relación con su entorno puede hablarle a las nubes, al viento y a la lluvia y pedirles que se ajusten para apoyar a la comunidad. Esta profunda y duradera conexión de respeto por la tierra que habita en los chamanes tradicionales y su comunidad, es correspondida por la propia tierra siendo prudente para nutrir a su pueblo.

Tuve la experiencia de ir a acampar un fin de semana lluvioso de febrero. Aunque me encanta la lluvia, no me gusta estar mojada. Mientras conducía hacia el sitio, ofrecí una oración o petición para que la lluvia se detuviera mientras montaba el campamento, solamente si eso estaba alineado con el universo y no afectaría negativamente a nadie más. Dejó de llover justo cuando llegué al campamento, en cuyo punto las nubes se separaron y salió el sol. La experiencia me hizo sentir muy humilde y bendecida.

Mi punto es que no está mal querer que el clima sea diferente, o tratar de influir en él. Sin embargo, las suposiciones subyacentes y las intenciones que se aplican a este objetivo pueden ponerle inmediatamente en confrontación con el clima y el universo, o bien su enfoque puede funcionar a partir de sólidos principios éticos. En cualquier caso, el clima puede o no hacer lo que usted desea, pero uno de esos métodos sin duda provocará un quiebre con su relación correcta con el universo, mientras que el otro no.

Para dar otro ejemplo, cuando los incendios llegaron a San Diego en 2003, parecía que todo el condado estaba ardiendo. Hubo distintos incendios por todos lados y muchas personas fueron evacuadas. Durante este tiempo, dirigí energía e hice viajes chamánicos para trabajar por el mejor y más alto resultado. La información que recibí fue que había algunos regalos y lecciones que venían con los incendios, así como la sanación de la tierra. Los incendios atacaron de tal manera que algunas casas quedaron intactas, mientras que las adyacentes se redujeron a cenizas. Algunos de los regalos incluyeron la oportunidad de experimentar la compasión y cuidar unos de otros y la oportunidad de centrarse en lo que era verdaderamente importante, todo eso mientras nos liberábamos de apegos a nuestras pertenencias físicas. No fue divertido, y claro que no deseaba que los incendios se repitieran, pero también era consciente de que la pérdida de vida había sido increíblemente baja, especialmente dada la vasta extensión de la destrucción. Sé que otros trabajadores de luz fueron más directivos en sus esfuerzos energéticos, buscando combatir los fuegos y controlar los vientos directamente con energía. No estoy diciendo que esto estuviera mal, pero era una forma diferente de alinearse con respecto a los incendios.

Por lo tanto, a medida que desarrolla su habilidad y capacidad con el viaje chamánico, o con cualquier otro camino espiritual, dedique tiempo y energía a comprender y definir su ética. Se necesita un entendimiento más complejo de la ética a medida que aumenta su habilidad de impactar su propia vida y el mundo que le rodea. Aquellos que se sienten atraídos por el camino de sanación generalmente vienen con la mejor de las intenciones. Tomarse un tiempo para pensar sobre la ética asegurará que esas buenas intenciones se traduzcan en resultados hermosos y positivos para usted y para otros.

Capítulo 7—Lecciones para Trabajar con Otros

Una vez que haya dominado los fundamentos del viaje chamánico, puede que sienta un deseo de utilizar estas habilidades para ayudar a otros. Viajar para buscar información o sanación para otras personas puede ser inmensamente gratificante, aunque nunca debe ser considerado una obligación. Si sólo utiliza el viaje chamánico para usted mismo, no hay problema. No hay necesidad de que haga trabajos de sanación con otros. Su propia plenitud incrementada será un regalo para el mundo.

Sin embargo, si se siente obligado a recorrer el camino del sanador, siendo así de servicio para otros en su proceso de crecimiento y sanación, hay algunas lecciones sutiles pero fundamentales con las que tendrá que trabajar. Esto es válido si decide ser remunerado o nunca aceptar un centavo por sus servicios. También es el caso si trabaja con el viaje chamánico, sanación de energía, psicoterapia, enfermería, o cualquier otra práctica de sanación.

Cuando se trata de trabajar con otros, la energía y la información que proporciona se utilizarán en una variedad de maneras. Algunas personas las tomarán y las emplearán para aumentar su crecimiento. Otras las aceptarán y seguirán pidiendo más sin hacer ningún cambio. En realidad, no sanamos a nadie más que a nosotros mismos; simplemente guardamos un espacio para que otros se sanen a sí mismos. Sosteniéndolos, apoyándolos y reflejando su propio poder y sabiduría, les ofrecemos la oportunidad de sanar y crecer. Puedo hacer exactamente lo mismo con dos clientes y uno experimentará mi trabajo como algo maravilloso, mientras que el otro sentirá poco o ningún resultado. El mejor enfoque que podemos aplicar en el trabajo de sanación es ver nuestras propias necesidades y sanación en primer lugar, liberar el apego al resultado, y asegurar que nuestros esfuerzos están en relación correcta con el universo.

Sanarnos a nosotros mismos primero

Una de las recomendaciones más importantes si desea hacer trabajos para otros es encargarse de su propia sanación en primer lugar. Suena obvio, pero es fácil mirar a nuestro alrededor y encontrar personas cuyas heridas son peores que las nuestras. Si tiene ese impulso de ayudar, puede que termine gastando su energía sanando a estas personas en lugar de a usted mismo. Este impulso a menudo viene de un lugar de compasión y cuidado, pero también puede tener una motivación menos admirable.

Si pasa mucho tiempo trabajando con personas que están mucho más enfermas y dañadas que usted, se sentirá sano y pleno debido al contraste. Una de las estrategias más efectivas para no tener que mirar nuestros propios problemas y dolor es tratar de arreglar los de alguien más. Ya sea motivado por compasión o evasión, es importante tener claro que la única persona a la que puede curar y sanar es usted mismo, y a menos que lo haga, hay muy poco que pueda hacer que sea de ayuda para otros. Pasé años tratando de arreglar y ayudar a otros en lugar de sanar mis propios problemas y, al final, desperdicié mi tiempo y causé dependencia e incomodidad en los receptores de mi atención.

Siempre habrá personas que estén más dañadas que nosotros, así como siempre habrá otras que son más saludables. Ayudar a otros a crecer y sanar es una hermosa labor, pero si alguna vez siente que está consistentemente eligiendo ayudar a otros cuando usted necesita sanarse, el trabajo que hará se convertirá en energía mal dirigida.

Usted no tiene que ser perfecto o haber terminado con su propio proceso de sanación para poder trabajar con otros. Aun así, es sabio tener una parte significativa de su energía y recursos dedicados a su crecimiento personal y sanación, siempre y cuando esté trabajando con otros. Cuando empecé en mi camino espiritual, estaba ansiosa por compartir mis nuevas herramientas y técnicas para ayudar a otras personas. Cada vez que intentaba hacer los preparativos para iniciar un negocio de sanación, me topaba con varios obstáculos, lo que me forzaba a mantener mi energía sanadora y atención en mi interior. En ese momento, sentía que nunca llegaría a trabajar con otros. Sin embargo, cuando todo comenzó a alinearse para iniciar mi propia práctica, todo cayó en su lugar sin mucho esfuerzo. A medida que avanza con sus propios esfuerzos, preste atención a si la casualidad y las circunstancias apoyan o bloquean su camino. Es mucho más fácil lograr las cosas en el momento perfecto que en su propio tiempo personal.

Póngase a usted mismo primero

Este es un punto importante a considerar si pretende recorrer el camino del sanador. Puede ser difícil, ya que el impulso de ayudar a otros que están sufriendo es poderoso y primitivo. Sin embargo, cuando aprende a cuidar de usted mismo primero, asegurándose de que todas sus necesidades están siendo satisfechas, incluyendo el descanso, la recreación, el amor y la atención, tendrá más energía disponible para compartir con otros. Cuando pone a un lado sus necesidades de estar allí para otros, comienza a vaciarse muy rápidamente. Las personas compasivas y generosas pueden enfermarse, cansarse y deprimirse cuidando de los demás, pues dejan de lado sus propias necesidades.

A menudo escucho que este tipo de personas dan todo por los demás y nadie se preocupa de su bienestar. El mejor curso de acción en este caso es dejar de dar a otros con la esperanza de que alguien le dará a usted; usted mismo debe dárselo. Si satisface sus necesidades primero, lo que le da a otros nacerá desde un lugar de amor, no desde una perspectiva de intercambio u obligación. Los sanadores mártires hacen a todos infelices, incluso a ellos mismos.

Siempre y cuando esté cuidando mis propias necesidades simultáneamente, me doy la opción de poner a alguien primero sin ningún efecto secundario. Puedo elegir tomar una llamada telefónica en medio de la noche o dejar todo a un lado porque un ser querido realmente me necesita y tengo las reservas energéticas para hacerlo. No obstante, esos eventos me agotan y después descubro que necesito recuperar mi energía para reponerme.

Aprenda a recibir

Si elige servir a otros en su crecimiento y sanación, debe aprender tanto a dar como a recibir. Para aquellos que transitan por el camino de la sanación, dar es a menudo algo maravilloso y lleno de alegría. Me encantan los momentos de alineación divina en los que puedo decir la cosa perfecta o dar un regalo de energía que es exactamente lo que alguien necesita en determinado momento. El universo a menudo establece situaciones donde una pequeña aplicación de mi energía es un gran regalo para alguien más.

Lo desafiante no es cómo dar, sino cómo recibir. En el mundo abundan personas que son grandes dadores pero terribles receptores. Por cada tipo de energía sanadora que aprenda a dar al mundo, aprenda a tomarla también. El camino del sanador consiste en sanarse a sí mismo y ayudar a otros a sanar, pero también en saber dar y recibir. Si sólo aprende las partes de dar y ayudar y no la parte de recibir, no está aprendiendo las lecciones, lo que causa que su efectividad y crecimiento personal se vean bastante disminuidos. Lo ideal es que la energía fluya a través de su vida en un ciclo que entra y sale.

Sobre respetar la decisión de otros de sanar o no

Una de las cosas más difíciles a las que pudiese enfrentarse es ver a alguien elegir no sanarse o crecer. A menudo, hay seres queridos que están muy heridos. Es verdaderamente difícil aceptar que toda sanación debe ser solicitada y recibida. Usted siempre puede ofrecerse, pero si la persona dice que no, está en su derecho y usted debe honrarlo. Es difícil estar lo suficientemente desapegado de aquellos que ama para honrar su derecho a elegir entre sanar o no sanar.

En el esquema superior de la vida, las enfermedades pueden contener importantes lecciones de vida. Sus almas pueden estar considerando trabajar de una manera diferente. O puede que simplemente no estén listos para sanarse. Es difícil para alguien que está profundamente comprometido con su propia sanación entender cómo una persona podría elegir algo distinto. Pero si no honra la decisión de una persona de no sanar, cruza las líneas éticas y rompe la relación correcta con el universo. La libre elección es una de las leyes fundamentales de nuestra existencia y usted no tiene el derecho de interferir en las decisiones de otra persona en torno a su propia sanación. La energía sanadora no deseada puede sentirse como un ataque energético en vez de un gesto compasivo.

Aceptando que no puede ayudar a todos

Si trabaja con otras personas, se dará cuenta rápidamente de que hay individuos que piden su ayuda a los que no les puede ayudar por una razón u otra. A veces me encuentro con personas que quieren una solución mágica a todos sus problemas, pero no están dispuestas a tomar decisiones diferentes o hacer frente a su dolor. No hay nada que pueda hacer para ayudar a alguien en esa situación.

Mis habilidades funcionan mejor en personas que no están en crisis y que se encuentran en buen estado físico y mental. No tengo habilidades o entrenamiento para ser de ayuda para alguien que está seriamente enfermo mentalmente. De hecho, si trabajara con tal individuo, podría hacer más daño que bien y distraerlo de conseguir ayuda más apropiada.

Es importante reconocer cuáles son sus dones y quién se beneficia más de su servicio. No todo el mundo será capaz de asimilar lo que tiene para ofrecer y usted no será capaz de ayudarlos a todos. Usted no tiene que trabajar para sanar el mundo, ni será nunca la única persona y la única opción disponible para alguien. Aquellos que recorren el camino del sanador usan todo tipo de vestimenta y están en todas partes, lo sepan o no. Invierta su tiempo y energía con aquellos que sean más receptivos. Al final de la sesión, si siente alegría y gratitud por tener la oportunidad de participar en la sanación de su cliente, disfrútelo.

Liberándose del apego al resultado

Otro aspecto del camino del sanador es aprender a liberarse del apego al resultado, honrando así la libre elección y experiencia de su cliente. En una ocasión, hice un viaje para mi madre con respecto a una situación dolorosa. Cuando comencé el viaje, antes de que mis guías trabajaran conmigo el problema, se sentaron junto a mí y me dieron una charla como recordatorio. Mi rol en ese trabajo era ser el practicante chamánico, no la hija de mi madre. Como practicante chamánica y sanadora, reconozco el valor y la liberación de lidiar directamente con el dolor viejo y la belleza de las lágrimas. Como hija, odio ver llorar a mi mamá. Así que mis guías me recordaron que necesitaba honrar el hecho de que mi madre había escogido este trabajo de sanación y que mi lugar era servir, no tratar de protegerla y privarla así de esta experiencia de sanación.

Como practicante chamánico, no puede dar a su cliente la experiencia, sanación o resultado que quiere que él tenga, usted sólo puede darle el regalo de sus servicios. Si usted hace su parte bien de tal manera que no disminuya la experiencia, su experiencia, sanación y resultado está completamente fuera de sus manos. Puede que sepamos intelectualmente que es importante ignorar el resultado—si la persona sana o no sana—pero emocionalmente es algo difícil de internalizar. Requiere práctica, introspección y recordatorios regulares.

No tomar energía de otras personas

Usted puede haber dominado por completo el arte de protegerse a sí mismo en un lugar lleno de personas difíciles, pero puede que descubra que aún tiene una tendencia a tomar la energía desagradable de sus clientes. Esto se debe a que cuando hacemos trabajo de sanación, entramos en el campo energético de la otra persona y subimos nuestra sensibilidad energética al máximo. Esto nos ayuda a obtener información intuitiva sobre la mejor manera de servir.

Muchos sanadores y dadores tienen la creencia errónea de que pueden asimilar las cargas energéticas de las personas. Después de todo, si usted ve a alguien cargando varias cajas pesadas, puede sostener una, especialmente si esa persona es físicamente incapaz de controlar todo ese peso. Por lo tanto, cuando vemos a alguien sufriendo, podemos acercarnos inconscientemente y tomar algo de esa energía. El problema es que esto sólo nos perjudica a nosotros y no ayuda a la otra persona.

Cuando empecé a hacer trabajos de sanación, solía estar muy interesada en lograr que mis clientes mejoraran. Esto en parte se debía a mi anhelo de que mis clientes vieran lo eficiente que era en mi labor, y en parte porque el hecho de poder ver sus dolores me hacía querer ayudarlos. El resultado fue que comencé a tomar las cargas energéticas de mis clientes; me iba del lugar con la energía y el peso de lo que ellos estaban sintiendo. Sin embargo, que yo tomara sus cargas no las aliviaba ni las ayudaba de ninguna manera; sólo me cansaba y entristecía.

La empatía es un gran don y cualidad. Es importante estar completamente presente y conectado con la persona con la que trabaja, pero no absorba sus situaciones o sienta sus sentimientos. Si alguien que ama está pasando por un momento difícil, no empañe su propia felicidad. Mientras mejor sea su espacio emocional, más tendrá para dar.

Algunos comentarios finales sobre trabajar con otros

Quienes sienten el llamado de ayudar a otros a sanar tienen un profundo y duradero deseo en su alma de servir al resto. Las lecciones de ponerse a sí mismo primero, de curar sus propios problemas antes de ayudar a otros, de recibir y soltar el resultado, son contradictorias a este intenso impulso. Cuando agrega la necesidad de aceptar las decisiones de otros de no sanar y el hecho de que hay personas a las que no puede ayudar de manera significativa, es fácil ver por qué tantos sanadores no aprenden estas lecciones y se sobrecargan.

Aprender el viaje chamánico y las técnicas de sanación con energía es fácil. Aprender a aplicar estas técnicas en otros de una manera que le honre tanto a usted como a otros es más complicado. La comunidad metafísica a menudo habla sobre estas lecciones y las hacen sonar simples y obvias, pero si bien son fundamentales, están lejos de ser fáciles.

Sus guías pueden ayudarle con todas estas lecciones. Haga un viaje chamánico y hágales preguntas como las siguientes:

- ¿Qué se interpone en mi camino para ponerme en primer lugar?
- ¿Cómo puedo liberarme del apego al resultado de mi trabajo?

- ¿Qué necesito sanar para servir a otros?
- ¿Qué pueden enseñarme ustedes que me ayude a recibir?
- ¿Cómo puedo evitar tomar la energía de otras personas?

A medida que pasa por estas lecciones, sea amable consigo mismo. Nadie las comprende de la noche a la mañana. Sin embargo, cuando se dé cuenta de que no está teniendo una buena experiencia trabajando con otros, estas lecciones son una de las primeras cosas a observar.

Capítulo 8—Miedos Chamánicos

Entidades

Desde que comencé a practicar hace años, he recibido una gran cantidad de preguntas acerca de malos espíritus y entidades. Soy renuente a hablar sobre entidades, no porque las considere especialmente atemorizantes, sino porque el concepto de fantasmas o espíritus es aterrador para muchas personas.

Cuando empecé en mi camino espiritual y me di cuenta de que tenía espíritus asistentes a mi alrededor, había una parte de ello que se sentía angustiante. Sentía que no tenía privacidad, ni en mis pensamientos ni en mis acciones. Eventualmente me di cuenta de que mis espíritus asistentes no eran "mirones" y realmente no escuchaban cada uno de mis pensamientos. Estaban leyendo mi energía, no mi mente, y sólo por invitación. Sin embargo, tuve sentimientos de incomodidad con respecto a espíritus que considero totalmente benignos y completamente de mi parte.

Las historias de fantasmas, por otro lado, me aterrorizan. Pasé la mayor parte de mi infancia y adolescencia evitando los espejos debido a las historias de Bloody Mary y, para ser honesta, todavía no me gustan los espejos en la oscuridad.

Entiendo cuánto miedo irracional e inquietud puede causar la idea de encontrarse con un espíritu hostil o confundido. Así que, si continúo diciendo que las entidades—seres en forma de espíritu que no son guías ni ayudantes—realmente existen, hay una posibilidad de que su miedo aumente. Antes de continuar, permítame decir que leer este capítulo es opcional. Si cree en entidades y quiere más información sobre ellas, o maneras de tratar con ellas, siga leyendo. Pero si encuentra la idea aterradora y prefiere no detenerse demasiado en este concepto, salte este capítulo.

Si siente mucho miedo en torno a las entidades, le recomiendo que viaje hasta sus guías y les pida ayuda para liberarse o resolver ese miedo. Puede haber un animal de poder que entrará en relación con usted y ahuyentará a todas las entidades. Tal vez sus guías le darán información que le ayudará a liberar su miedo o a transmutarlo energéticamente.

Ciertamente, no tengo todas las respuestas sobre las entidades, pero es algo sobre lo que he estado recopilando información desde que me uní a la comunidad metafísica. Hay espíritus que no son asistentes ni guías. A veces son los espíritus de personas fallecidas que se quedaron atascadas o que no saben que han muerto. A veces son algo más. A pesar de que el miedo a los espíritus invisibles es un miedo humano primitivo y natural, no nos informa acerca de un riesgo real. Hay un montón de historias de fantasmas donde la entidad en realidad no hace daño; sólo está allí y da miedo.

La casa en la que crecí de niña tenía un fantasma que me aterrorizaba. Era alguien que había muerto, pero no se había dado cuenta de ello y, en consecuencia, no siguió su camino. No había nada malévolo acerca de ese fantasma, aunque no le gustaba tener un par de niños pequeños en su espacio. Como adulta, regresé a la casa y lo ayudé a seguir su camino. Estaba aterrorizada, pero después de eso, mi umbral de miedo sobre tratar con entidades se fortaleció.

Las entidades casi nunca son malas. A menudo, tienen miedo y están confundidas o enojadas. A veces las entidades que se quedan lo hacen por un sentido equivocado de responsabilidad o por un apego a un lugar que amaron en vida. Puede que no sean muy agradables, pero no son malvadas. Piense en una persona infeliz o difícil que, si bien no es malvada, no es alguien con quien usted quiere pasar mucho tiempo.

Cuando alguien está seriamente desequilibrado, tiende a atraer entidades. Lo que mis guías me han dicho acerca de las personas que los llaman porque sienten que tienen entidades a su alrededor es que, si bien esto es cierto, está muy lejos de ser su único problema y realmente es la menor de sus preocupaciones. Cuando alguien está muy desequilibrado, severamente deprimido o muy enojado, y aparecen entidades alrededor de él, esas entidades no son más dañinas que la energía tóxica que la misma persona está emitiendo, pues impregna su aura y entorno inmediato.

A veces, cuando las personas son claras, saludables y energéticamente brillantes, pueden atraer autoestopistas o mochileros de energía atraídos por su luz. Si una persona está decentemente equilibrada, el impacto será muy leve. En los casos que he visto, no hay un gran efecto, pero sí agotan algo de la energía de vida de la persona. Hay entidades que son atraídas por ciertos tipos de energía—ira, caos, drama, miedo, etc.—así como hay personas que buscan y agitan esas emociones. Sin embargo, una persona que disfruta el drama y las emociones dolorosas en su vida tendrá un impacto negativo mucho más fuerte que el causado por las entidades.

No obstante, es mejor eliminar cualquier entidad, sin importar lo benigna que sea, que se apegue a las personas. Mientras trabajo con alguien, en ocasiones aparece una entidad y la remuevo de inmediato. Hago un llamado a los ayudantes espirituales de la entidad para que le impulsen a seguir adelante. Luego localizo energéticamente y traigo de vuelta las partes de su alma, como lo haría en una terapia común de recuperación del alma. Una vez que la entidad retoma sus partes del alma, pierde todo interés en juntarse con mi cliente y se vuelve a alinear con el universo.

Si siente que hay una entidad apegada a usted o en su espacio, hay muchas cosas que puede hacer. En primer lugar, puede hacer un viaje chamánico y pedirle a sus guías que eliminen cualquier entidad. También puede preguntarle a sus guías por qué la entidad apareció.

Al tratar con entidades, usted tiene el derecho de ordenar su espacio. Puede llamar ángeles y espíritus asistentes a despejar entidades, quemar salvia, o simplemente afirmar, "Cualquier cosa que no sea para mi bien, que se vaya en paz, pero que se vaya ahora y no regrese".

Cuando está despejando un espacio—con salvia, con afirmaciones o pidiendo la ayuda de sus guías espirituales—siempre es bueno despejar la energía inútil y las entidades.

Para despejar energía y entidades, puede encender velas blancas. Las velas de la Virgen de Guadalupe son especialmente buenas, incluso si usted no es cristiano o católico. Puede invocarla como un arquetipo que se encarga de la protección. Además, puede ser útil colocar tazones de sal alrededor de un espacio. La sal absorbe la negatividad. Cada seis meses, bote la sal. Quemar un incienso llamado Sangre de Dragón es una buena manera de neutralizar la energía negativa.

Si elige hacer un trabajo más directo con entidades, aquí están algunas sugerencias adicionales, sólo para empezar: investigue este tema más a fondo con sus guías y maestros humanos sobre el tema. Las entidades más grandes atraen otras entidades. Al lidiar con ellas, despeje las entidades más pequeñas primero y luego lidie con las entidades más grandes.

Un método que utilizan mucho los practicantes chamánicos al lidiar con entidades es el de hacerse ver más grandes y poderosos (algo así como inflar el pecho para imponer respeto). Intentan desterrar a las entidades a la fuerza. Considero que un enfoque más compasivo funciona mejor. Si se acerca a entidades con fuerza, ellas reaccionan como cualquier ser reaccionaría al ser acorralado en una esquina—luchando o huyendo. Tratarán de esconderse o huir o resonarán con su miedo, creando un círculo de retroalimentación.

Prefiero acercarme a las entidades como simples espíritus o seres que han interrumpido su alineación correcta con el mundo. Mi papel no es desterrarlas, sino estar al servicio para cualquier sanación que necesiten para pasar a un lugar más apropiado. Esto significa ayudar a las almas a seguir su camino, retornar a otros seres dimensionales a sus hogares, etc. Un espíritu puede necesitar contar su historia, ser informado de que ha fallecido, o que se le muestre el camino para unirse a sus seres queridos que se han ido antes. Al hacerle saber a la entidad que no estoy tratando de dañarla, obtengo su cooperación y puedo ayudarla a seguir adelante. Si simplemente destierra entidades, ellas se van (o se esconden hasta que usted se va) y siguen desalineadas con el universo. Este enfoque aplica para el 95% de las entidades con las que puede toparse.

Magia negra, maldiciones y ataques psíquicos

La mayoría de las tradiciones chamánicas tienen mucho conocimiento sobre maldiciones y magia negra. Los chamanes eran tanto temidos como venerados por su habilidad para interactuar con el mundo espiritual.

Hay historias de personas heridas o incluso que murieron a causa de maldiciones o magia negra. La idea de que es posible ser herido a través de poder mágico es un miedo humano primitivo. Observe las acusaciones de brujería en todo el mundo, por ejemplo. La interpretación científica moderna de este fenómeno es que, si las maldiciones funcionan, es porque la creencia de la víctima es tan fuerte que provocará su muerte. Esto se puede entender en un sentido antropológico como creencias fascinantes de los primitivos ignorantes.

Cuando empiezan a explorar y adaptar las tradiciones chamánicas, muchas personas se preguntan si la magia negra y las maldiciones realmente funcionan. Una vez que se tiene la experiencia personal de que las técnicas chamánicas de las culturas indígenas son una manera efectiva de obtener sanación, conocimiento, apoyo y protección, es más difícil descartar creencias menos agradables.

Además de preguntas de personas que son meramente curiosas, a veces recibo llamadas de algunas que sienten que están siendo atacadas psíquica o energéticamente. Quieren mi ayuda para detener el ataque y, a menudo, que alguien tome represalias por ellas— un papel clásico de un chamán tradicional.

Según mi propia experiencia y la información de mis guías, en nuestra sociedad moderna y tecnológica, los ataques energéticos deliberados y eficaces son casi inexistentes. Son posibles, pero muy inusuales. Para que tal tipo de ataque sea efectivo, tienen que existir muchas condiciones específicas.

En primer lugar, la persona que transmite la energía dañina necesitaría tener mucha habilidad. No es fácil hacerlo y la mayoría de las personas que desarrollan un alto nivel de habilidad entienden que el mal uso de esa energía conlleva algunas de las mayores y más desagradables consecuencias kármicas. La magia negra efectiva requiere grandes cantidades de energía, concentración y poder. Es como apuntar con una pistola al estómago de una persona que está a 20 pies detrás de usted y apretar el gatillo. La bala puede o no alcanzar a la otra persona, pero está garantizado que el agresor se disparará a sí mismo. Cruzar esa línea, incluso con alguien que ha hecho cosas horribles, como un violador o un abusador de niños, está mal, y al instante interrumpirá su relación correcta con el universo. En lugar de que el universo trabaje a su favor, la energía dañina que envió volverá a usted, magnificada.

Si bien no todos los que siguen un camino espiritual verdaderamente evolucionan como persona, muchos de nosotros lo hacemos. Cuanto más crecemos y nos liberamos de bloqueos, más energía fluye libremente a través de nosotros, lo que tiende a hacernos personas más éticas. Tristemente, hay algunas personas, no muchas, pero algunas, que creen que son lo suficientemente poderosas para dañar a otros energéticamente y están dispuestas a cruzar esa línea. Se dan más importancia a sí mismos que al universo. En resumen, para que un ataque energético sea enviado, se necesita alguien con un nivel extremadamente alto de habilidad y una completa ausencia de comprensión de las leyes universales y de la relación correcta con el universo. Si bien hay algunas personas que tienen una de estas características o la otra, ambas rara vez se encuentran en la misma persona.

Además, para que un ataque energético deliberado sea eficaz, la víctima pretendida tendría que tener su poder y bienestar energético significativamente bajo. Si usted está lleno de energía y fuerza vital y sus animales de poder y ayudantes espirituales están haciendo su trabajo, cualquier energía negativa enviada a usted será interceptada y fluirá inofensivamente lejos de usted. Lo que se envía al mundo energético es lento para manifestarse en lo físico, especialmente si hay un intento de manifestar algo que está desalineado con el propósito del alma de alguien, tal como un ataque energético.

Así que, ante la rareza de cualquiera que sea capaz y que esté dispuesto a intentar tal ataque y sus defensas naturales, sus probabilidades de ser dañado por un ataque psíquico están a la par con ser golpeado por un rayo. Claro, podría pasar, pero es muy improbable.

Desafortunadamente, en nuestro mundo moderno, evitar las experiencias energéticas negativas no es tan simple como asegurarse de mantener buenos términos con su chamán local para que no le maldigan o dejen que cualquier otro lo lastime energéticamente. A pesar de que los ataques energéticos deliberados son muy raros y los que puedan ser eficaces son casi inexistentes, una persona energéticamente sensible puede ser fácilmente impactada por la energía que inconscientemente nos enviamos unos a otros. He hablado anteriormente acerca de cómo protegernos de la energía que el resto nos envía inconscientemente, así como de evitar enviar energía desagradable a otras personas.

Es importante entender que, si siente que está siendo atacado psíquicamente, es muy poco probable que la otra persona lo esté haciendo deliberadamente. La obsesión de alguien con usted puede sentirse como un ataque energético, pero no atribuya a la malicia lo que puede ser explicado por pobres límites energéticos. Esto es importante porque, si alguien siente que está siendo atacado energéticamente, es muy natural querer contraatacar.

No llegue a tal extremo. El impulso es natural, pero si actúa a partir de él, estará interrumpiendo su relación correcta con el universo, renunciando a la protección energética natural, e infundiendo en su propio entorno energético sus intenciones negativas. Debido a que las emociones fuertes pueden enviar energía, incluso si no queremos que lo hagan, sea muy claro de que no tiene la intención de enviar tales emociones. Si lo hace, se hará a sí mismo un daño energético mucho mayor de lo que la otra persona podría esperar hacerle.

Una vez más, incluso si usted está totalmente convencido de que alguien está deliberadamente tratando de hacerle daño, no tome represalias. En tiempos de estrés e inquietud, cuando tenemos miedo, se hace más difícil percibir claramente el mundo invisible. Y si hay energía negativa viniendo de otra persona, su propia participación energética alimentará y estimulará el intercambio energético entre ustedes. Si intenta lanzar energía negativa a alguien, usted será personalmente responsable de manera irrevocable de las consecuencias kármicas de la acción, independientemente de lo que la otra persona hizo primero. No hay sentido del tiempo en la realidad chamánica, por lo que el registro de su alma sólo muestra lo que usted hizo, no lo que fue hecho a usted primero.

Tuve la oportunidad de trabajar con alguien que sentía que estaba siendo atacado psíquicamente. Su campo áurico era un desastre, lleno de rasgaduras y agujeros. Había entidades aterradoras a su alrededor. Lo que mis guías dijeron fue, "Dile que tiene que dejar de hacer magia negra". Nadie lo estaba atacando, pero su creencia y participación en este tipo de energía atrajo un montón de cosas desagradables. Debido a que necesitaba aprender su lección sobre no hacer magia negra, sus guías no lo estaban protegiendo.

En una situación en la que se sienta atacado psíquicamente, concentre sus energías en mantenerse alineado de forma correcta y deje que el universo se encargue de la otra persona en su propio tiempo y a su propia manera. No busque compartir las desagradables consecuencias kármicas que se dirigen a esa persona. El universo está prestando atención y es mucho más grande y mejor resolviendo estas cosas. Simplemente no ocurre tan rápidamente como quisiéramos. Considere también que usted puede simplemente hacerse a un lado, fortalecer sus propias protecciones energéticas, y dejar que la persona drene su poder y energía en un esfuerzo infructuoso.

Si siente que está siendo atacado energéticamente, vaya y pregúntele a sus guías qué está pasando y qué puede hacer al respecto. Ellos le ayudarán a encontrar una forma ética y apropiada de sentirse seguro y protegido de este tipo de daño.

Como observación final, he conocido personas que crearon una experiencia de ataque psíquico a través de su miedo y obsesión. En tales casos, su miedo a la persona y aspectos renegados les hicieron sentir que eran víctimas de un ataque psíquico, pero todo se debió enteramente a su propia creación. Después de todo, podemos crear nuestra propia realidad. Si siente que el universo está persiguiéndole o que aquellos a su alrededor quieren hacerle daño, creará esa realidad para usted. Es fácil sentir miedo de ser dañado a través de medios metafísicos—en el pasado, ese mismo miedo causó que mucha gente fuera quemada en la hoguera. Pero mientras podamos reconocer que es un miedo humano fundamental y natural, podremos elegir cuánta atención y poder dar a ese miedo y cómo actuar en consecuencia.

Si desea obtener información adicional acerca de las entidades y protección psíquica, recomiendo el libro de Ted Andrews, *Psychic Protection* (Protección Psíquica).

PARTE 3
EXPLORACIONES CHAMÁNICAS MÁS AVANZADAS

Capítulo 9—Exploraciones Chamánicas Avanzadas

Obtenga respuestas a sus preguntas

El viaje chamánico es perfecto para obtener información sobre las preguntas que usted se hace cuando está despierto por las noches. También se puede utilizar para obtener más información sobre un problema o una experiencia. Ya sea que usted no pueda dejar de pensar en cómo lidiar con una situación financiera, sus perspectivas románticas, la discusión que tuvo con su esposa, novio o compañero de trabajo, por qué una enfermedad existe, lo que puede hacer para sanar sus problemas de estómago, el significado de la vida, o cualquier otra cosa que puede estar dando vueltas en su mente en lugar de descansar, el viaje chamánico es útil.

Por ejemplo, cuando se trata de salir con alguien nuevo, es muy fácil para mí pasar una gran cantidad de tiempo pensando, preguntándome cosas, esperando y obsesionándome. Mientras la mayoría le pide opiniones a sus amigos sobre el nuevo objeto de su afecto, yo les pregunto a mis guías espirituales. Mis guías me mostrarán si hay una conexión de una vida pasada o un asunto kármico sin acabar. Me enseñarán las lecciones que estoy aprendiendo con esta persona, me mostrarán los regalos que la relación ofrece y recomendarán cosas a tener en cuenta a medida que avanzo para que la experiencia sea más gentil y productiva. En cierto sentido, sostienen un espejo que me permite verme en la exploración, incluyendo el reflejo de todos los temas energéticos y conexiones que están en juego. A medida que una relación progresa, mis guías me ayudan a entender qué problemas son míos y cuáles son de la otra persona y a entender si es el momento de pasar la página. Voilà, no más noches sin dormir.

Y bien, si sus guías espirituales saben tanto y son tan buenos para responder preguntas, ¿pueden decirle los números ganadores de la lotería o qué pasará en el mercado de valores? Por desgracia, no. Parte de ello es que nuestros guías espirituales no están realmente prediciendo el futuro; simplemente perciben las relaciones, temas y conexiones energéticas entre personas y eventos y pueden mostrárnoslas. Nuestros guías no nos darán ninguna información que no sea para nuestro beneficio. Conozco a una persona que les pregunta los números ganadores de la lotería a sus guías. Ellos juegan con ella dándole la mayoría, pero no todos los números. Al igual que en mi caso, no avanzaría en su camino ni con sus lecciones de vida ganando la lotería, por lo que sus guías no le darán esa información. Pero incluso si sus guías estuvieran dispuestos y fueran capaces de decirle los números ganadores de la lotería, el tiempo no existe de la misma manera en la realidad chamánica. Un guía que ve el tiempo como una espiral que puede ser recorrida hacia adelante o hacia atrás no va a tener información confiable sobre nuestro tiempo lineal de un solo sentido. Puede que le de los números ganadores de la lotería de hace un año o de cinco años en el futuro.

Cuando le pregunte a sus guías sobre resultados futuros, ellos le darán una respuesta basada en cómo la energía se alineará en ese momento en el tiempo. Siempre hay oportunidad de cambiar un resultado probable—aplicando más energía y atención cambiará la forma en que la energía se alinea y, por lo tanto, el resultado que se está desarrollando. La perspectiva chamánica considera que el mundo energético es el modelo de lo que se manifiesta en el mundo físico. Por lo tanto, al hacer preguntas y comprender qué resultados o temas energéticos están en juego, creamos la oportunidad de ya sea apoyar conscientemente lo que estamos manifestando o de hacer cambios para que manifestemos un resultado diferente. Cuando le pregunte a sus guías sobre el futuro, ellos responderán basados en la "captura de imagen" de su energía en el momento de la pregunta. Puesto que ese futuro está sujeto a cambios si toma decisiones diferentes o trae influencias diferentes, siempre es bueno hacer preguntas puntuales posteriormente para ver si la respuesta ha cambiado.

Algunas de las muchas preguntas que sus guías pueden responder incluyen las siguientes:

- ¿Cuáles son los siguientes pasos en mi viaje espiritual?
- ¿Qué tipo de dieta debería seguir para tener una salud óptima?
- ¿Qué quiere mi cuerpo hacerme saber?
- ¿Qué regalos aporta este guía a la relación? ¿Qué está aquí para enseñarme?
- ¿Cuáles son los obstáculos para alcanzar mis metas?
- ¿Qué necesito sanar para tener una relación satisfactoria con un pareja?
- ¿Por qué estoy teniendo un conflicto tan intenso con esta persona?
- ¿Cuál es el regalo o lección en esta enfermedad, conflicto, problema?
- ¿Qué pueden mostrarme sobre esta relación?
- ¿Qué vida pasada está impactando más fuertemente en esta vida?
- ¿Cómo puedo hacer para sanar este problema?
- ¿Cuál era el significado de este sueño?

Al hacer preguntas, asegúrese de abordarlas de la manera más ética posible. Tiene derecho a pedir información sobre usted mismo, pero es importante no pedir información sobre otras personas sin su permiso. Por ejemplo, puede preguntar, "¿Por qué entre esta persona y yo existe tanto conflicto y qué puedo hacer para corregirlo?" o "¿Qué lecciones estoy trabajando con esta persona y cómo puedo sobrellevarlas de manera gentil?" Sin embargo, es inapropiado preguntar, "¿Por qué mi esposa está tan enojada?" o "¿Qué siente esta persona por mí?". En otras palabras, tiene todo el derecho a hacer preguntas sobre usted mismo, pero no tiene derecho a pedir información directamente sobre otra persona sin su consentimiento.

Si tiene que tomar una decisión complicada e irreversible, es conveniente hacer múltiples viajes para diferentes aspectos de esa situación. Por ejemplo, si usted estuviera decidiendo si aceptar que su padre anciano se mude con usted, podría viajar y preguntar: "¿Cómo esto afectaría mi vida?" "¿Cuál sería el impacto en nuestra relación?" "¿Qué retos y lecciones podría traerme esto?" "¿Cuáles serían los regalos de tomar esta decisión?" "¿A qué tendría que renunciar si esto pasara?" Es bueno convertir las preguntas grandes o complejas en preguntas más pequeñas y manejables.

Trabajando con las respuestas

Con el viaje chamánico, nuestros guías a menudo proporcionan información de forma simbólica. Por ejemplo, mis guías a menudo me muestran una buena relación como un baile—ya sea que me muestren bailando el vals o el swing incluye información sobre la relación. Para mí, la imagen visual y simbólica permite que el mensaje se comprenda de una manera mucho más profunda. El único inconveniente de esto es que a veces no tengo ni idea de lo que mis guías están tratando de mostrarme. Cuando esto sucede, pido que me muestren las respuestas de una manera diferente. Mis guías siempre han sido muy pacientes y creativos a la hora de encontrar diferentes maneras de transmitir la información que quieren comunicar, sin importar cuántas veces he necesitado pedirlo.

Otra cosa a tener en cuenta acerca de las preguntas hechas a los guías espirituales es que todo se manifiesta más rápido en el mundo energético que en el mundo físico. Así que la energía puede estar completamente alineada para un cierto resultado, pero puede tomar más tiempo para manifestarse en el mundo físico. Como señala Sandra Ingerman, "pronto" en la realidad chamánica podría significar hoy, el próximo mes, en cinco años o la próxima vida.

Si sus guías le muestran que todo está alineado para el nuevo trabajo que quiere encontrar, puede seguir preguntando cuáles son los mejores pasos para tomar ahora, pero no se desanime si lo energético tarda para manifestarse en lo físico. Asegúrese de seguir trabajando hacia su meta en el mundo físico, así como en el energético. La buena noticia es que todo parece estar manifestándose mucho más rápido en estos días.

En general, los guías espirituales nos dan mucha información y nos muestran cómo se ven las cosas energéticamente. No nos dicen lo que debemos hacer. La información chamánica se centra más en la causa y efecto, relaciones energéticas y redes, donde hemos estado, donde estamos, y adonde nos están llevando nuestras decisiones. Hay una enorme cantidad de información disponible para nosotros de nuestros guías en el mundo chamánico. Esta información puede ser inmensamente útil en la toma de decisiones importantes. Sin embargo, es de vital importancia que seamos totalmente responsables de nuestras decisiones en la vida.

Hacer algo porque "el espíritu nos lo dijo" y luego rehusarnos a asumir la responsabilidad personal de las consecuencias es una mala dirección de energía. Nosotros, como humanos, a menudo nos comunicamos mal cuando hablamos el mismo idioma; es aún más fácil malinterpretar información del mundo chamánico. Así que siempre filtre cualquier información que reciba a través de su propio discernimiento y conscientemente decida si la hace suya o no. Nuestros corazones son muy sabios y tienen un impacto fuerte en nuestra verdad personal.

"Danzar" su animal de poder

La danza se encuentra en todas las culturas chamánicas alrededor del mundo. Danzar induce un estado alterado de conciencia, permitiendo al practicante acceder al mundo chamánico. En particular, la danza se puede utilizar para conectar más plenamente con su animal de poder en una práctica conocida como "danzar su animal de poder". En las sociedades tradicionales se cree que cuando usted danza su animal de poder, le da una muestra de cómo se siente estar en un cuerpo físico, compensándolo así por protegerlo y ayudarlo. Mis animales de poder ofrecen una perspectiva diferente. Están muy claros que no se me requiere ni se espera que los dance, pero que, si elijo hacerlo, hay muchos regalos que pueden ofrecerme. Me dicen que danzar animales de poder no es algo que se hace para ellos, sino para uno mismo.

Cuando dance un animal de poder, comience con un golpe de tambor que sea más lento que el usado para el viaje chamánico. A diferencia de cuando comienza el viaje chamánico, usted puede tocar el tambor o el sonajero para sí mismo mientras danza y ajusta el ritmo como lo sienta apropiado. Comience a moverse con al ritmo del instrumento, caminando o danzando lentamente. Enfoque su intención en el animal de poder que quiere danzar. A medida que se mueve al ritmo del golpeteo, entra en un estado alterado y, eventualmente, se sentirá impulsado a moverse de ciertas maneras que son similares a las del animal que está danzando. Puede tomar un poco de tiempo y definitivamente requiere dejar ir los sentimientos de vergüenza. Sin embargo, danzar su animal de poder le permite acceder completamente a la fuerza vital y energías de dicho animal, incluso mientras profundiza la relación. Cuando danza la energía de diferentes animales de poder, su energía individual se vuelve familiar y puede ser accedida y reconocida en la realidad chamánica, así como en la vida cotidiana.

Danzar animales de poder y danzar para lograr un estado alterado son prácticas maravillosas, pero puede ser difícil adoptarlas para un practicante moderno. Estar acostado en silencio mientras viaja puede sentirse extraño, pero no tiene que preocuparse por lo que dirán otros, pues usted decide si comparte o no su experiencia en la realidad chamánica. Sin embargo, si danza con otras personas o incluso solo, debe estar dispuesto a dejar de lado un poco de miedo y vergüenza.

En una clase hicimos un viaje para conocer a un nuevo animal de poder. Me desconcertó notar que el animal de poder que se presentó era un canguro, más aún porque quería que lo danzara y yo no estaba muy entusiasmada con la idea de saltar de arriba a abajo. En general, prefiero viajar acostada. Pero, según este nuevo guía, me estaba perdiendo de una parte importante de la experiencia chamánica.

Cuando dancé el canguro, sentí su energía correr a través de mi cuerpo. La fatiga se desvaneció a medida que esa energía vital navegaba en mi interior. Fue en ese instante que absorbí la experiencia, dejando a un lado los pensamientos de parecer tonta e indigna. Mi conciencia salió de mi cabeza, silenciando mi monólogo interior, y estuve completamente presente en mi cuerpo y en el momento. No sólo accedí al poder primitivo del canguro, accedí a mi propio poder primitivo personal, regresando a la época antes de que empezara a vivir más en mi cabeza que en mi cuerpo.

Para mí, la necesidad de danzar animales de poder iba más allá de la importancia básica de la práctica chamánica. Además de mostrarme cómo podía danzar la energía de un canguro sin parecer una imitación humana de un palo saltarín, el canguro resaltó que ese era un aspecto de mi crecimiento espiritual que necesitaba más atención. Si bien integro mis herramientas espirituales y mis regalos muy bien en mis aspectos mentales/emocionales, tiendo a no mezclar lo espiritual con lo físico. A pesar de que mi espiritualidad fue un factor decisivo en la decisión de que hacer ejercicio fuese algo constante mi vida, seguía siendo un medio para un fin, no algo que hacía por el simple hecho de disfrutarlo. Al no poder integrar lo físico con lo espiritual, mi cuerpo permaneció un tanto renegado y desvalorizado. Para mí, no importa cuán seguido viaje o cuán sin esfuerzo mueva energía sanadora, mi práctica espiritual estará incompleta sin alguna forma de movimiento espiritual.

El viaje chámanico y soñar

Algunos clientes a menudo me preguntan cómo se compara el viaje chamánico con soñar. Muchas personas me cuentan de sueños que han incluido poderosas experiencias con animales o guías espirituales y sueños que han ofrecido información valiosa. Cuando empecé a trabajar con la sanación energética, mis sueños cambiaron dramáticamente. Después de mi iniciación en el Reiki, mi atención estaba muy ocupada conectándose con mis guías espirituales. Si bien pasarían varios años antes de que dominara el arte de escuchar a mis guías espirituales a voluntad, no perdieron tiempo en unirse a mí mientras soñaba.

Es gracioso en retrospectiva, ya que en esos momentos estaba muy frustrada por no poseer instantáneamente la habilidad de entender a mis guías espirituales. Sin embargo, noche tras noche, tenía sueños vívidos, intensos, en alta definición. Entonces descubrí el viaje chamánico y la gran alegría de poder hablar directamente con estos guías aparentemente elusivos. Mientras exploraba el mundo chamánico, me encontré con guías espirituales y animales de poder que había conocido en sueños anteriormente. Supe de inmediato que había estado visitando a mis guías en la realidad chamánica mucho antes de mi primer viaje chamánico deliberado.

Durante un viaje chamánico, parte de su conciencia deja el cuerpo y viaja a otros lugares a través del espacio y el tiempo. Del mismo modo, mientras estamos soñando, nuestra conciencia a menudo vaga lejos del cuerpo físico. La diferencia, por supuesto, es que un viaje chamánico es una experiencia consciente. Decidimos tomar un viaje chamánico, seleccionar nuestra intención para el viaje, y utilizar nuestro enfoque en esa intención para llegar a donde queremos ir en el mundo chamánico. Al soñar, por otra parte, con la excepción de los sueños lúcidos, el aspecto consciente no es parte del proceso. Debido a que no estamos conscientemente dirigiendo nuestros viajes de ensueño hacia el reino chamánico, la experiencia será más difícil de entender y recordar.

La línea entre el sueño chamánico y el viaje chamánico es fina. A menudo, cuando los practicantes están cansados y tratan de viajar, no son capaces de concentrarse y se sumergen en un estado de sueño. Las imágenes que reciben parecen más inconexas y son más difíciles de recordar. Cuando esto sucede, no es malo; simplemente no es un viaje chamánico porque no es capaz de participar conscientemente en la experiencia. A pesar de que los sueños no le dan la oportunidad de elegir conscientemente a dónde irá y a quién verá, no necesitamos ningún entrenamiento para pasar al mundo chamánico a la hora de soñar. Es algo que le sucede naturalmente a los seres humanos.

No obstante, no creo que todos los sueños sean viajes inconscientes a la realidad chamánica. Nuestros sueños cumplen muchas funciones y sólo estoy abordando un pequeño aspecto en esta sección. Pero cuando nuestros sueños nos llevan a la realidad chamánica, hay oportunidades para recibir guía espiritual y sanación. Por ejemplo, hay quienes a menudo se encuentran con sus animales de poder en los sueños. Los caballos, uno de mis animales de poder, a veces aparecen en mis sueños. Cuando lo hacen, siento un intenso amor por ellos, combinado con un sentimiento de anhelo del alma relacionados con nuestra conexión. El caballo es el animal de poder que me lleva alrededor de la realidad chamánica y parece que, en estos sueños, me lleva a experimentar cosas que no puedo entender o contener cuando estoy en mi estado humano despierto. Los sueños que incluyen a mis guías y animales de poder tienen un poderoso contenido emocional. Cuando me despierto de estos sueños, a menudo tengo la sensación de haber estado lejos en lugar de durmiendo. Despertarme se siente como si mi atención se hubiera desplazado de una realidad a otra, no como un sueño que se desvanece.

Al igual que con el viaje chamánico consciente, existe una oportunidad para establecer su intención acerca de sus viajes al soñar. Estamos muy protegidos en este tipo de experiencias, pero si tiene alguna preocupación por su seguridad, puede pedirle a sus ángeles, guías, animales de poder o seres superiores que se aseguren de que está completamente protegido. Del mismo modo, puede invitar a sus guías a comunicarse con usted en sus sueños simplemente enfocándose en su intención antes de dormir. Esto crea una oportunidad para que sus guías se conecten con usted en los niveles más profundos de su ser. También creo que, sin los filtros conscientes, los viajes en mis sueños tienden a tener un paisaje emocional más vívido y a permanecer conmigo más tiempo y son más intensos que muchos de mis viajes chamánicos conscientes.

Puede utilizar el viaje chamánico normal para explicar, recordar o terminar un sueño. Una vez tuve un sueño en el que usé mi poder mayor de adulta para imponer mi voluntad sobre un niño. En el sueño, me horrorizaba haber cruzado esa línea, aunque el niño me perdonó. Mis guías me comunicaron en el sueño que sólo necesitaba recordar que tenía el potencial para cruzar esa línea. Aun así, estaba muy molesta cuando desperté. Hice un viaje chamánico para entender ese sueño y mis guías me dijeron que, ya que estoy pensando en tener hijos, estoy aprendiendo y explorando lecciones en mi sueño. No debía recordar el sueño, pero olvidé que había fijado mi alarma una hora antes, así que me desperté en el medio del sueño y lo recordé. Estaba agradecida de haber tenido la oportunidad de analizar el sueño con mis guías.

El único lado negativo de viajar en la realidad chamánica durante el sueño es que, si pasa una gran parte de su noche vagando fuera de su cuerpo, no está descansando de la misma manera como lo haría si sólo estuviera durmiendo. Muchas personas han tenido la experiencia de despertar de sueños vívidos sintiéndose cansados. Si siente que viaja mucho en su sueño, es posible que necesite horas adicionales para que obtenga el descanso necesario. También puede ser útil pedir solamente descansar en su sueño y no viajar a ningún lugar cuando se sienta agotado. Nuestros guías aman comunicarse con nosotros, pero no siempre entienden completamente la experiencia humana y la necesidad del cuerpo de descansar.

Conectando con el mundo natural

Las culturas chamánicas creen que todo en el mundo natural está vivo—las rocas, los árboles, el viento y las estrellas. De allí que desarrollaran técnicas para interactuar con el espíritu de las cosas en el mundo natural. Incluso en nuestras vidas modernas y tecnológicas, interactuamos inconscientemente con el mundo que nos rodea a cada momento en un nivel energético.

Vivo en San Diego y disfruto de las abundantes oportunidades de conexión humana que esta ciudad ofrece. Sin embargo, cuando salgo de la ciudad, en medio de la naturaleza, hay una tranquilidad psíquica que se siente maravillosa. Es como un zumbido de fondo del que no se es consciente hasta que se detiene repentinamente.

Cuando estoy en la naturaleza, hay cosas que hago para honrar el mundo que me rodea. Trato de estar tranquila internamente y escuchar la energía del lugar. Me abro a los regalos y a la sanación que encuentro allí. Mientras miro a mi alrededor, si encuentro una roca o una pluma que me habla, pregunto antes de recogerla. Una amiga mía describió estar en el desierto y recoger un pedazo de madera sin preguntar. En pocos minutos, se tropezó, cayó y se topó con un cactus. El desierto de repente se tornó espinoso y hostil. Después de disculparse y regresar el pedazo de madera, todo volvió a suavizarse. Este es un ejemplo clásico de lo que sucede cuando rompe su relación armoniosa con el mundo natural.

Muchas culturas indígenas tienen rituales como dejar tabaco y otros regalos para honrar el mundo natural. Yo tiendo a enviar la energía de mi gratitud y apreciación por todo el lugar. Ver un lugar en la naturaleza, amarlo y darle las gracias con sincera intención parece ser suficiente. A veces recojo la basura que encuentro allí. La mayoría disfruta ver lugares nuevos, pero cuando realmente usted siente la energía del lugar, darle la bienvenida y abrazarle hace que sea una experiencia mucho más rica. Como con todo en el chamanismo, enfocarse en su intención de honrar y conectar con un nuevo lugar formará un puente.

Cuando hace un trabajo de sanación o energético en un lugar en la naturaleza, debe identificar a los espíritus guías y guardianes del lugar y pedir su permiso. Puede o no sentir que consigue una respuesta clara, pero la petición en sí establece un tipo diferente de relación con el lugar. Si un huésped en su hogar le pidiera brindarle una taza de agua, encantado se la ofrecería. Pero si ese alguien simplemente comenzara a mirar dentro de sus armarios y tomara un vaso de agua la primera vez que llega a su casa, probablemente no se sentiría a gusto con eso. Tenga en cuenta utilizar buenos modales al tratar con el mundo natural.

También puede hacer un viaje chamánico para encontrarse con los guardianes de un nuevo lugar. En Escocia, hice un viaje para reunirme con los espíritus de esa tierra. Aparecieron como un hombre y una mujer, pero dejaron claro que esta no era su forma natural, simplemente era un disfraz que adoptaron para que me sintiera cómoda hablando con ellos. Me dijeron que era bienvenida. Pedí permiso para tomar cualquier roca que pudiera encontrar y me dijeron que tenía que discutir eso con la roca en cuestión. Me ayudaron con un poco de trabajo de liberación espiritual, y esa fue una experiencia profunda. Todo el viaje fue mejorado enormemente por mi habilidad de experimentar los lugares físicos de poder en el Reino Unido, así como lo que son dichos lugares en la realidad chamánica. Todavía regreso y visito Gran Bretaña en mis viajes chamánicos, y viajé allí en la realidad chamánica mucho antes de pisar suelo británico por primera vez.

Puede utilizar sus habilidades de viaje chamánico para mejorar activamente su relación con el mundo natural. Una manera excelente de hacer esto es hacer un viaje y pedirle a sus guías que le ayuden a servir al mundo natural de alguna manera. Sandra Ingerman habla sobre hacer trabajos de recuperación de alma para lugares en la naturaleza que han sido mal utilizados. He hecho viajes donde ayudé a transformar y transmutar energéticamente la contaminación y el daño hecho a la tierra. Sus guías serán capaces de enseñarle técnicas para ayudar y sanar la tierra si se los pide. Invertir un poco de tiempo y atención para servir al mundo natural le permite establecer una relación energética abundante.

Al hacer un trabajo de sanación para la tierra o cualquier otra cosa, hágalo con amor y compasión. Si se preocupa porque la tierra ha sido mal utilizada o dañada, puede descubrir que usted está tomando esa energía y sintiéndose deprimido o pesado. Mientras presta su servicio, es importante dejar de lado la ira o el resentimiento que puede sentir sobre los abusos que otros han infligido en la tierra. Lleve sus mejores intenciones, su amor y su luz, y ofrézcalos al servicio del mundo natural. La energía será magnificada y reflejada de vuelta.

Viajar para servir

El chamanismo ofrece muchas oportunidades para servir al mundo. Alberto Villoldo habla acerca de cómo, para un practicante chamánico, el mundo espiritual siempre responderá cuando le llame. Nunca he tenido un viaje en el que haya pedido reunirme con mis guías espirituales y que no éstos no aparecieran. Ha habido momentos en los que no estaba preparada para asimilar o hacer uso de lo que me ofrecían, pero siempre iban. Nunca reciben un mensaje y me contestan que tienen otras cosas que hacer. Cuando yo llamo, ellos vienen.

Los practicantes chamánicos a menudo sienten un creciente impulso para servir a modo de retribución. No hay ninguna obligación para hacer algo cuando el mundo de los espíritus le llama, pero hay grandes regalos si elige contestar. Puede ser tan simple como sostener la luz para otra persona con una sonrisa o decirle un cumplido. A menudo, mientras me muevo por el mundo, percibo oportunidades para enviar buenos deseos, oraciones o energía hacia una situación que se cruza en mi camino. Esto no tiene que ser muy elaborado, y rara vez requiere un gran sacrificio, pero parte de mi técnica para mantenerme en relación correcta con el universo es mi noción de que quiero tener un impacto positivo en el mundo que me rodea.

Como ingeniera, busco puntos de apalancamiento. Arquímedes dijo, "Dadme un punto de apoyo y moveré el mundo". Estoy constantemente buscando oportunidades donde una pequeña palabra o acción de mi parte tenga un gran beneficio para otros. Puede encontrar dichas oportunidades a su alrededor simplemente prestando atención. Pero cuando se ofrece para servir al mundo, hay algunas cosas a tener en cuenta para mantener esa relación correcta y buena alineación.

Ante todo, recuerde honrarse a sí mismo. Si está exhausto, satisfaga sus propias necesidades antes de tratar de ayudar a otras personas o al mundo que le rodea. Las veces que he hecho un viaje chamánico para alguien más cuando yo misma necesitaba trabajo de sanación, mis guías me han detenido y asistido con eso incluso antes de hablar de la otra persona. El proceso de cambio a veces puede parecer interminable, pero es en ese punto donde tiene el mayor poder para impactarse a usted mismo. Tendrá más para ofrecer al mundo estando en un lugar de fuerza y abundancia que tratando de ayudar a otros sin molestarse en detener su propio sangrado.

Las personas dan algo por una serie de razones; hay muchas maneras de dar y todas son válidas. Sin embargo, cuando se trata de mejorar la alineación universal, la mejor razón para dar es porque se siente maravilloso. Dar desde la culpa o desde la obligación no hará nada para mejorar su relación con el universo. Sentirse resentido o agotado por lo que usted da, interrumpirá su alineación universal. Es muy importante asegurarse de que está dando desde un lugar de abundancia.

Todos conocemos activistas que están llenos de rabia por las condiciones que se esfuerzan por cambiar. Pueden verse a sí mismos como mártires que hacen sacrificios indignantes para su causa de manera dramática. A menudo están furiosos con el resto por no preocuparse por su causa tan profundamente como ellos lo hacen. Considere a los vegetarianos, por ejemplo. Se siente un tipo específico de energía cuando alguien dice que está eligiendo no comer carne porque siente que está en una mejor alineación con el mundo cuando toma esa decisión. Ahora, se siente una energía completamente diferente cuando alguien elige no comer carne porque comer carne es malo y cruel y sólo las personas malas y egoístas lo hacen. No estoy segura si los activistas enojados son efectivos o no. Por supuesto, es aceptable estar enojado y sentir fuertemente que el mundo no es como queremos, y es válido esforzarse por cambiarlo. Pero si busca un cambio desde un lugar de ira en lugar de alegría y compasión, dudo mucho que ocurra.

Cuando trabajamos en la realidad chamánica, "sea el cambio que desea ver" debería ser un principio fundamental. Si hace un viaje para ayudar a sanar la tierra, no lleve su ira y enojo con usted; en cambio, lleve amor y compasión y su deseo de servir. Debido a que todo en la realidad chamánica trata de energía, un practicante chamánico enojado tratando de efectuar un cambio puede hacer más daño que bien. Si usted está verdaderamente enojado por las violaciones de los derechos humanos, el racismo o cualquier otro problema y no puede dejarlos de lado, tome medidas en el mundo físico, no en el mundo chamánico. O pídale a sus guías que le ayuden a superar su ira antes de realizar un viaje.

Si hace un viaje para servir, busque a sus guías espirituales para recibir consejos y una descripción del panorama, evitando así que pueda meterse con algo que sea muy complejo para usted. Por ejemplo, para el tsunami de diciembre de 2004, hice trabajo chamánico para ayudar con la situación. No sólo me dirigí hacia allí en la realidad chamánica, sino que acudí a mis guías para preguntarles qué acción sería la mejor. Me llevaron allí para ayudar a las almas a seguir adelante, para recuperar las partes de almas perdidas, para calmar los miedos de aquellos que habían muerto y para calmar y disipar la energía del miedo, la conmoción y la pérdida. Sin embargo, después de un tiempo muy corto de hacer este trabajo, indicaron que era hora de que me fuera. La energía era tan caótica y difícil que sólo podía trabajar y ser protegida energéticamente por un corto período de tiempo. No dependía de mí hacer todo el trabajo que necesitaba hacerse, pero tuve la oportunidad de ayudar con una parte significativa. La ayuda y guía de mis guías espirituales fue clave en esta experiencia.

Capítulo 10—Trabajo Chamánico para la Autosanación

Sanación energética en la realidad chamánica

Es importante mantenernos completamente cargados energéticamente y reponer nuestra energía cuando nos agotamos. Nuestros asistentes espirituales son expertos trabajadores de energía y pueden ser de gran ayuda. Tal sanación con energía puede ir desde limpiar nuestros cuerpos y campos áuricos de cualquier energía desagradable que hayamos captado, hasta sanar heridas profundas y duraderas.

El proceso para recibir una sanación energética en la realidad chamánica es simple. Comience por establecer su intención con respecto a lo que desea sanar o cambiar. Podría ser un problema específico, como una experiencia de abuso emocional o el dolor en su espalda. Podría pedir que los bloqueos energéticos en su cuerpo sean limpiados. O puede establecer una intención general, por ejemplo, que su energía se reponga y que la energía inútil sea limpiada. Luego, con su intención firmemente en mente, vaya a su jardín y pídale ayuda a sus guías.

Cuando mis guías remueven energía de viejas heridas y bloqueos en mi cuerpo, dicha energía se ve gruesa, negra y pegajosa. A veces, cuando logra liberar energía bloqueada que ha estado cargando desde hace mucho tiempo, hay una sensación de vacío en el lugar donde esta solía residir. Incluso podemos tomar esa energía de nuevo debido al sentimiento familiar de plenitud. Así que, si sus guías eliminan esa energía, usualmente encontrarán una manera de reemplazarla con nueva energía vital. Mientras estoy en mi jardín sagrado en la realidad chamánica, mis guías a veces me hacen recostarme en el sol o nadar para absorber energía. A veces me hunden en la tierra.

He descubierto que, cuando necesito llorar, la realidad chamánica es un buen lugar para hacerlo. A veces ni siquiera siento esa necesidad hasta que llego y uno de mis guías extiende sus brazos y me abraza. Para mí, es el mejor de todos los mundos. Soy reticente a llorar delante de otras personas por miedo a incomodarlas, pero llorar sola puede ser desolador. Así que, siendo abrazada por mis guías, no estoy sola ni tengo que preocuparme de que nadie esté incómodo. Mis guías me ayudan a liberar energéticamente todo lo que necesito dejar ir con las lágrimas. No hay inconveniente en sentirse incondicional y completamente amado cuando está sufriendo.

A veces llego a casa sintiéndome agotada. A menudo, debido a que mis metas exceden mi tiempo y energía, no puedo o no estoy dispuesta a parar y descansar por mucho tiempo. En ese caso, utilizo un viaje chamánico para reponer mi energía. Es la máxima siesta de poder. A veces me acurruco en mi jardín sagrado y duermo durante todo el viaje. En otras ocasiones, mis guías me ayudan a limpiar y realinear mi campo energético. El agua es especialmente poderosa; mis guías me llevan a nadar en una piscina o pararme en una cascada que está en mi jardín sagrado.

La gama completa de sanación con energía está disponible en la realidad chamánica. Los ayudantes espirituales pueden rearmar el daño en el aura, limpiar y re-energizar nuestros cuerpos y campos de energía, y ayudarnos a sanar heridas fundamentales. Dicho esto, trabajar con facilitadores humanos me sigue pareciendo valioso. Hay heridas y oportunidades de crecimiento que se benefician de un toque y conexión humana. Sin embargo, tener ambas disponibles en lugar de una o la otra, nos da una gama mucho mayor de oportunidades de sanación.

Cortar cuerdas

En una de las clases que tomé, realizamos un ejercicio que ilustra la complejidad de las relaciones energéticas humanas. Así fue: imagine que usted es una de una docena de personas paradas en un círculo.

Cada una recibe varios pedazos de cuerda. A su vez, cada persona entrega un extremo de su cuerda a otras personas hasta que todos están conectados a una compleja red entretejida. Entonces, cada persona a su vez entrega sus cuerdas a la siguiente persona a su lado y se para en el centro del círculo. Imagine cómo se siente estar allí, rodeado de cuerdas por todos lados. Si se queda perfectamente quieto, no es tan malo, pero cuando intenta moverse, las cuerdas lo atan en su lugar, haciendo que el movimiento (cambio) sea casi imposible.

Este ejemplo es una buena ilustración de lo que está pasando con las cuerdas de energía que nos atan a personas, lugares y experiencias. Estas cuerdas de energía son creadas por nuestros pensamientos y emociones, especialmente los más fuertes. Las enviamos a otros y otros nos las envían a nosotros. La oración ferviente por el regreso seguro de un ser querido, la furia ante una situación o una persona, la intensa nostalgia por ese verano cuando usted tenía nueve años, todo esto crea cuerdas de energía. El pensamiento o la emoción puede ser agradable o dolorosa, cualquiera de las dos creará cuerdas de energía. Además, otros pueden enviarnos cuerdas con sus fuertes pensamientos y emociones. Estas cuerdas de energía pueden ser vistas como una especie de conexión psíquica y permiten el intercambio de información y energía.

Las cuerdas en sí no son malas. La cuerda de energía que nos conecta a nuestro ser superior es absolutamente vital para nuestro bienestar. En su práctica espiritual, puede que establezca cuerdas que conscientemente le conecten a la tierra y a la fuente universal para obtener energía vital. Sin embargo, cuando mantenemos cuerdas de energía que nos conectan con alguien con quien estamos enojados o con un evento doloroso del pasado, atrofian nuestra energía. Si su estado emocional cambia en el momento en que el pensamiento o el recuerdo se mueve a través de su mente, es probable que tenga una cuerda allí.

Si la cuerda le proporciona alegría y luz, tal como el pensamiento de alguien a quien ama o una experiencia maravillosa, puede optar por conservarla. Por otro lado, si el pensamiento de su ex o su madre o un momento en la secundaria le atemoriza, enoja, hiere o deprime, cortar esa cuerda será lo mejor para usted. Recomiendo encarecidamente cortar cuerdas con ex amantes y ex cónyuges cuando su relación ha terminado. De lo contrario, aunque se hayan separado, puede que todavía se sienta atado a esa persona. También es útil cortar cuerdas que le envían otras personas.

Hay quienes argumentan convincentemente que todas las cuerdas, excepto la del yo superior, deberían cortarse con regularidad. Señalan también que esto libera una mayor cantidad de energía para el momento presente y proporciona mayor libertad para cambiar y crecer espiritualmente. Estas personas generalmente siguen un camino de tipo budista, en el que cortar cuerdas es parte de la práctica de desapegos. Sin embargo, este enfoque puede ser perjudicial si no está involucrado con el budismo. Una amiga experimentó una interrupción en su conexión con su pareja y sus hijos después de que cortara sus cuerdas a ellos. Mientras que hacer esto liberó energía y la hizo estar menos apegada, no estaba alineada con su decisión espiritual de permanecer estrechamente conectada a los miembros de su familia. Personalmente, elijo mantener algunas de mis cuerdas—específicamente las cuerdas basadas en el amor a un grupo selecto de personas en mi vida.

Digamos que quiere mantener la cuerda de amor con alguien en su vida, pero también esta persona le irrita y podría sobrevivir sin la cuerda de energía que esto crea. Es posible mantener una cuerda que se base puramente en el amor y cortar, o recortar, las cuerdas que no lo hacen. Los psicólogos hablan de estas relaciones complejas con los seres queridos como relaciones de múltiples hilos, opuestas a las relaciones de un hilo, como las que podría tener con el cajero de su banco. Las relaciones con nuestros amigos cercanos y familiares son relaciones de múltiples hilos, y desarrollamos muchos tipos diferentes de cuerdas por esa razón. Cortar todas las cuerdas menos la del amor entre usted y un ser querido puede ayudar a establecer límites energéticos más limpios y claros sin interrumpir la conexión amorosa. De hecho, puede darle prioridad máxima al aspecto amoroso de relación al lidiar con la otra persona.

Cuando se trata de eventos o experiencias, cortar cuerdas puede ser muy valioso. Medios terapéuticos convencionales como la hipnosis, EMDR o Eye Movement Desensitization and Reprocessing

(Desensibilización y Reprocesamiento por Movimientos Oculares, según sus siglas en inglés), y NLP (Programación Neurolingüística, según sus siglas en inglés) se pueden utilizar para mantener el recuerdo de una experiencia traumática, pero eliminando el contenido emocional. Cortar cuerdas puede lograr algo similar. Cuando corta la cuerda a un recuerdo, bueno o malo, no renuncia al recuerdo de la experiencia, simplemente ya no tiene un vínculo energético directo. Es similar a mantener un objeto siempre delante de usted o en su mano y guardarlo cuidadosamente para sacarlo cuando lo desee.

Cortar cuerdas con los seres queridos que han fallecido también puede ser útil. Esto puede ser difícil cuando se está de duelo por una pérdida reciente. Cortar la cuerda a alguien que ha fallecido libera el alma del difunto para que siga adelante y ayuda al vivo a que viva su vida plenamente. Usted puede mantener su amor y su recuerdo por esa persona, pero las cuerdas entre los vivos y los muertos no son útiles para ninguna de las dos partes. Para los vivos, una fuerte cuerda de energía puede incluso crear la sensación de ser empujado hacia la muerte. La persona en cuestión puede no sentirse suicida y puede que sienta que tiene muchas cosas por las que vivir, pero aun así verse atraído y fascinado por la muerte. Esto puede manifestarse como una enfermedad, problemas emocionales, o una pérdida de entusiasmo por la vida.

El primer paso al cortar cuerdas es ser claro sobre qué cuerdas quiere cortar. Necesita decidir si quiere cortar todas las cuerdas excepto la que va a su ser superior, si desea mantener las cuerdas de amor que le atan a seres queridos, y si desea mantener las cuerdas a recuerdos felices o cualquier otro tipo de recuerdo. Además, decida si desea cortar las cuerdas de una manera general—todas las que cumplan con su criterio—o cuerdas específicas. A veces las cuerdas necesitan ser cortadas individualmente, con intención enfocada, o se volverán a activar más tarde. Por ejemplo, si usted y su amante de diez años se han separado, definitivamente deseará cortar esas cuerdas de forma individual, posiblemente varias veces y de varias formas. Para las cuerdas que tienen una gran cantidad de emociones en ellas, se requiere una intención más enfocada si se pretende cortarlas efectivamente, mientras que las cuerdas creadas fortuitamente mientras manejaba por la autopista o soñando despierto pueden ser cortadas en conjunto.

Hay una serie de métodos que puede usar para cortar cuerdas. Uno de los más sencillos es visualizar el corte de cuerdas dañinas que no desea mantener con usted. Puede imaginar tijeras, un cuchillo, una espada o un athame. Sólo asegúrese de establecer su intención de modo que su herramienta sea mucho más grande y más afilada que cualquier cosa que podría necesitar cortar. Puede utilizar esta visualización cada vez que sea consciente de las cuerdas. Por ejemplo, si alguien es grosero con usted en la oficina de correos y le fastidia, corte la cuerda. También puede utilizarla por la noche antes de ir a la cama para cortar todas las cuerdas que pudiese haber tomado durante el día. La visualización puede ser tan vívida y detallada o tan general como usted elija.

Otra técnica para cortar cuerdas es pedirle a sus ángeles, guías y/o ayudantes que se involucren y corten las cuerdas que desea. Asegúrese de ser muy específico en su intención al hacer esta petición. Esta es una manera muy simple de cortar cuerdas; sin embargo, si tiene una cuerda que no ha procesado por completo, puede volver a activarse poco después. Sus ayudantes espirituales son excelentes eliminando las cuerdas que otras personas le han enviado.

Muchas culturas indígenas exploran el concepto de cortar cuerdas. Los hawaianos utilizan una técnica llamada Ho'o pono pono para cortar lo que ellos se refieren como cuerdas. Del mismo modo, las prácticas chamánicas incas incluyen el corte de cuerdas.

Personalmente, prefiero cortar cuerdas dentro de un viaje chamánico. El trabajo parece ser más profundo porque estoy accediendo a las partes consciente e inconsciente de mí misma. En un viaje para cortar cuerdas, voy a mi jardín sagrado con una intención clara acerca de cuáles cuerdas quiero cortar. Una vez que paso a la realidad chamánica, puedo percibir las cuerdas que se conectan a mi cuerpo físico y energético pidiendo verlas. Al momento de cortar las cuerdas en la realidad chamánica, use una herramienta de su elección —una espada, tijeras de oro, etc. —y corte las cuerdas que ha elegido. Después de que son cortadas, podrá ver las cuerdas volviéndose cenizas o simplemente desapareciendo.

Una vez haya terminado el proceso de cortar las cuerdas, puede hacer un poco de trabajo de sanación en el área donde la cuerda estaba unida. A veces cuerdas mayores pueden dañar el campo áurico, dejándolo más vulnerable a una futura fijación de cuerdas. Puede sanar el área visualizando luz blanca o energía que entra en ella y que la oscuridad, el dolor o el daño salen. También puede pedirle a sus guías que le proporcionen una sanación.

Sea cual sea el enfoque que elija, cortar cuerdas es una forma de liberar energía de fuerza vital. Es un medio para liberar traumas del pasado, dejar ir las relaciones terminadas y establecer buenos límites energéticos. Cortar cuerdas puede incluso liberarnos de heridas de vidas pasadas. Además, mientras menos cuerdas de energía tenga, mejor podrá controlar su estado de ánimo, sus pensamientos y su estado de ser. Al reducir el número de energías que fluyen al azar dentro y fuera de su campo energético, será más capaz de centrarse y establecer su propia energía.

Antepasados

Muchas culturas honran e idolatran a sus antepasados. No es tanto que estas prácticas hagan felices a los antepasados, sino que les otorgan a los descendientes toda la fuerza, sabiduría y habilidad para lidiar con un mundo cambiante que es su legado. Pensar en nuestros antepasados en estos términos nos conecta con el apoyo y la ayuda que nos ofrecen. Cuando les pedimos apoyo, nuestros antepasados se alinean, con la línea de nuestra madre detrás de un hombro y la línea de nuestro padre detrás del otro, ofreciéndonos fuerza, sabiduría y amor incondicional. Sus energías fluyen por la línea ancestral hacia nosotros y hacia nuestros hijos.

Nuestros antepasados nos cuidan y nos protegen a medida que crecemos. Pueden ser como guías espirituales, maestros o ángeles guardianes. Cuando hablamos de antepasados, nos referimos a personas que han muerto, ya sea con quienes tengamos una conexión familiar a través de la sangre, adopción o familia de nuestra elección. De hecho, los niños adoptados pueden pedir el doble del apoyo ancestral, tanto de su línea biológica como de su línea adoptiva. A veces también tenemos antepasados espirituales, personas que dominan lecciones de vida y energías con las que estamos trabajando en nuestras vidas. Un antepasado espiritual podría ser un maestro ascendido, un anciano en nuestra herencia espiritual o el fundador de un arte marcial que estudiamos, por ejemplo.

Nuestros antepasados nos apoyarán al máximo de su capacidad, incondicionalmente. Sin embargo, a veces hay algo que sanar que quedó incompleto en su vida. Puede ser que una relación necesita sanación o puede tratarse de una sanación personal. En esos casos, pueden acudir a sus descendientes en busca de ayuda. Cuando hay algo desalineado en nuestras líneas familiares, el flujo de energía es bloqueado y obstaculizado de una generación a la siguiente. Cuanto más sanos y completos estén nuestros antepasados, más fácil y plenamente fluirá el amor. Es hermoso hacer un trabajo de sanación con sus antepasados para abrazarlos con compasión y alinear su energía familiar. Los beneficios personales son grandes, pero no hay obligación cuando surgen oportunidades para hacer trabajo de sanación con sus antepasados. Ellos dejan muy claro que están de mi lado y listos para contenerme.

A veces una llamada de ayuda de un antepasado puede manifestarse como un síntoma físico. Si un padre murió de un ataque cardíaco a la edad de cincuenta años, su hijo o hija puede comenzar a experimentar dolor cardiaco a esa edad, a pesar de tener un corazón sano. A veces cuando usted aparece para ayudar a un antepasado por un síntoma físico, abrirá la puerta para una sanación familiar más extensa. Por ejemplo, mi tátara-tátara-abuela tuvo cáncer de garganta y murió poco después de que yo naciera. Llegó un momento en que yo estaba experimentando bloqueos de energía crónica en mi chacra garganta, así que fui a ofrecerle sanación en caso de que hubiera una conexión.

Cuando me encontré con ella, me hizo saber que, si bien no se opondría a recibir un poco de sanación, lo que realmente deseaba era mi ayuda para su hija, mi bisabuela. El trabajo que hice proporcionó sanación para mi línea materna y resolvió los problemas con mi chacra garganta. Después nos reunimos todos en el jardín de la casa en la que habían vivido mi tatarabuela, mi bisabuela y mi amada abuela. Sentí cuán intensamente me amaban y lo orgullosas que estaban de mí.

Cuando un patrón familiar es sanado haciendo trabajo de sanación con un antepasado, no sólo lo afecta a él, también proporciona una sanación para todos en esa línea, hacia adelante y hacia atrás. Por ejemplo, digamos que hay un problema de madres que no se conectan completamente con sus hijas que ha sido transmitido por generaciones. Puede ir a la fuente de ese problema o a su ejemplo más reciente y hacer trabajo de sanación. De cualquier manera, esa sanación será reflejada a través de la línea materna, impactando especialmente a todos los descendientes vivos.

El viaje chamánico también puede ser utilizado para entender mejor los regalos de nuestros legados familiares. Puede viajar hasta sus antepasados y pedirles que le muestren qué regalos vienen de su línea familiar. Haga este viaje por el lado materno, el lado paterno y por sus ancestros espirituales en viajes separados. El lado de mi padre ofrece una conexión intensa con la tierra y la capacidad de mantenerme centrada fácilmente, sin importar lo que esté sucediendo en el mundo a mi alrededor. Mis antepasados me mostraron esto al ponerme de pie en un gran río para demostrarme que no sería arrastrada. En el lado de mi madre, uno de los regalos es la conexión con otros, la capacidad de formar una red ligera de apoyo mutuo. Un antepasado espiritual me mostró cómo cambiar a formas animales en la realidad chamánica.

Los antepasados también tienen información valiosa para nosotros acerca de nuestras propias familias y la dinámica familiar. Puede ser inmensamente útil para nosotros tener compasión por nuestros padres si entendemos con lo que sus padres lucharon. Por ejemplo, una parte de mi abuela siempre se vio a sí misma como monstruosa, y saber esto me permitió entender las extrañas sombras renegadas entre ella y mi madre y mi madre y yo.

El trabajo de sanación con antepasados puede ser llevado a cabo de dos maneras. Si usted tiene un problema específico que desea sanar, físico o emocional, podría pedir ayuda para un dolor en su pie y ser llevado a un bisabuelo de muchas generaciones atrás a quien le amputaron el pie. Podría tener un problema familiar específico que desea sanar, como un tema de violencia física o crítica constante. Por otro lado, puede pedir específicamente hacer trabajo de sanación ancestral y ser llevado a un antepasado que necesite sanación. Lo que sea que escoja, establezca su intención claramente, vaya a su jardín y pídale a sus guías que le ayuden.

Cuando se encuentre con el antepasado que necesita sanación, observe, escuche o pregúntele a su guía qué puede hacer para ayudar. Tal vez su antepasado simplemente necesita contar su historia. Puede ser apropiado invocar a seres de luz o ángeles para que lo sanen. Puede ser bueno enviarle energía directamente. Cualquiera que sea el caso, hay un par de pautas a las cuales hay que estar atento:

No pida hacer ningún trabajo para alguien que haya muerto en el último año, ya que necesita tiempo para adaptarse a la ausencia de un cuerpo físico. Si viene a usted antes en la realidad chamánica, está bien, pero no lo busque usted primero.

Como con cualquier persona, un antepasado es libre de aceptar o rechazar cualquier sanación que usted pueda ofrecerle. Si rechaza la sanación, usted no tiene el derecho de forzar su decisión. Al mismo tiempo, tiene el derecho de declinar el legado de ese problema sin sanar. Si su ancestro rechaza su ayuda para sanar, puede pedirle a sus guías que le muestren cómo sanar el problema para usted y su línea y puede cortar las cuerdas de energía que le atan a ese problema.

Una de mis bisabuelas murió joven, dejando un hijo pequeño en este mundo. Cuando me acerqué a ella en la realidad chamánica, estaba caminando de un lado a otro, sin parar, ignorándome, incluso cuando hablé con ella y traté de llamar su atención. Así que pedí que algo de energía sanadora entrara en su entorno si no se oponía. No lo hizo, y cuando la energía comenzó a acumularse alrededor de ella, dejó de dar vueltas y me puso atención por primera vez. El hijo había experimentado la pérdida de su alma como resultado de su muerte, por lo que una parte de él estaba a la deriva. Le llevé esa parte a su madre y se reunieron alegremente. Los dejé solos un rato y luego le pregunté al niño si quería volver con el abuelo del que estaba separado y a la madre si quería mi ayuda para seguir adelante.

Ambos dijeron "no" muy enfáticamente. Estaban encantados de poder estar reunidos y no estaban listos para seguir adelante. Unos años más tarde, hice otro viaje de regreso para ver cómo estaban. En ese momento, el chico indicó que estaba interesado en volver con mi abuelo y mi bisabuela dijo que, si él regresaba, ella estaría dispuesta a seguir adelante. De los animales de poder que me ayudan con la recuperación del alma, el halcón es uno de los que recuperan y entregan las partes del alma. El chico se fue montando mi halcón. Mi bisabuela y yo tomamos una taza de té mientras esperábamos y cuando mi halcón regresó diciendo que la parte del alma que era del niño había sido devuelta, se mudó con tres de sus parientes femeninas que vinieron a guiarla.

Nuestros antepasados ofrecen muchos regalos—amor, apoyo, una mejor comprensión de quiénes somos y de dónde venimos. Cuanto más conscientemente se conecte con sus antepasados, a través de los medios tradicionales o a través del trabajo chamánico, más se abre a los regalos que ellos traen.

Trabajo de vidas pasadas

Steve Rother dice que, si quiere ver una vida pasada, no tiene que mirar más allá de su garaje. Es una metáfora útil porque resalta la tendencia humana a aferrarse a cosas que han sobrepasado su vida útil. Las guardamos porque pensamos que algún día podríamos necesitarlas o porque no podemos soportar alejarnos del recuerdo de una experiencia pasada. Pero todas estas cosas llenan el espacio en nuestras vidas hasta que no podamos movernos libremente o encontremos las cosas que necesitamos en el presente.

Esta práctica de aferrarse a cosas que ya no nos sirven, ya sean físicas o energéticas, debilita nuestra vitalidad. Somos capaces de llenar grandes cantidades de espacio en nuestras vidas con cosas del pasado que no contribuyen a nuestro presente. Lo último que queremos hacer es añadir cosas al desorden de vidas pasadas. Por lo tanto, cuando aplico el chamanismo al trabajo de vidas pasadas, es generalmente con el propósito de limpiar la casa espiritual y deshacerme de toda esa energía vieja de vidas pasadas que afecta negativamente el presente.

Lamentablemente, la primera exposición de muchas personas a las vidas pasadas viene de aquellos que hacen afirmaciones extravagantes de haber sido una figura espectacular o incluso histórica. Créame, incluso los más fieles creyentes en la reencarnación cuestionan la verdad de ese tipo de afirmaciones y, aún más, los motivos de las personas que las traen a colación. La mayoría de las personas que creen en la reencarnación no creen que fueron el gran sacerdote de los druidas o una princesa en Egipto. Y las personas que realmente lo fueron, no lo vociferan.

Entonces, ¿debe creer en vidas pasadas para obtener beneficios de este tipo de trabajo chamánico? Por supuesto que no. En general, cuando se trata de vidas pasadas, la mayoría de las personas tienen el velo firmemente en su lugar, impidiéndoles conocer sobre otras vidas que han vivido. Y con razón: hay mucho en lo que trabajar en esta vida sin dedicar atención significativa a vidas pasadas. Además, creo que cualquier problema o lección en la que estemos trabajando para resolver una de una vida pasada se activará a través de los eventos y experiencias de esta vida.

Las vidas pasadas pueden ser vistas como historias que resuenan en las personas con diferentes intensidades. Para algunas es una verdad fundamental de su existencia; para otras existe un indicio y un susurro de que pudieron haber experimentado algo antes. Sin embargo, hay otras personas que no poseen ningún sentido de haber vivido antes. Puede sonar ilógico, pero cuando dirijo mi atención a vidas pasadas es con el propósito de liberar mi energía para estar plena en esta vida.

Para comenzar este trabajo, le recomiendo que viaje a su jardín con la intención de buscar la ayuda de sus guías para cualquier problema de vidas pasadas que necesite sanación. Esto puede ser algo general o puede implicar algunas preguntas muy específicas. Algunas señales de que una sanación de vidas pasadas es necesaria incluyen cosas como un poderoso miedo que no puede explicar. Por ejemplo, si tiene miedo a las alturas, pero nunca ha tenido una mala experiencia, dicho miedo podría reflejar que se cayó y lesionó en una vida pasada. Una reacción negativa muy intensa hacia una persona, lugar, o cosa puede ser otra indicación de un problema de vidas pasadas. O quizás un patrón que siente que se ha repetido una y otra vez puede ir más allá de lo que piensa.

Siempre puede preguntarle a sus guías cosas como "¿este problema viene principalmente de una experiencia de vidas pasadas?" También puede hacer preguntas generales, tales como, "¿qué aspecto de mi forma de conectar con los hombres necesita sanación?" "¿Por qué estoy teniendo una reacción tan fuerte respecto a esta persona, lugar, cosa, idea?" "¿Cuál es la fuente de mi miedo a las relaciones, el trabajo, los lugares oscuros?" La respuesta puede estar relacionada con una vida pasada o puede ser algo más. Sus guías le dirán o le mostrarán la respuesta.

Una de las experiencias personales más memorables que he tenido con el trabajo de vidas pasadas está relacionada con un hombre que me atraía mucho. A pesar de estar en mis veintitantos, se sentía como un enamoramiento adolescente, con todo el drama, la esperanza y la ansiedad característica—muy diferente de mi estilo habitual. En el momento también trajo consigo intensas inseguridades—yo era demasiado gorda, demasiado tímida, no lo suficientemente atractiva, y así sucesivamente. Naturalmente, no estaba muy emocionada que se diga arrastrando todas estas cosas, pero elegí verlo como una oportunidad para sanar.

En un viaje chamánico, se me mostró una conexión de vidas pasadas con esa persona. Me encontraba de pie en la cubierta de un barco, con destino al Nuevo Mundo y a una nueva vida. Estaba ansiosa por hacer una vida allí. Mientras estaba en la cubierta de este barco, él se acercó y miré hacia arriba, sonriendo de inmediato. Pasó a mi lado sin siquiera verme, con su atención clavada en una mujer delicada y femenina. En ese momento, me sentí insuficiente. Hasta entonces, me sentía fuerte y segura de mí misma. Era muy trabajadora, todo lo que debía ser como mujer en una cultura que rechazaba la vanidad física. En ese momento, cuando sentí por primera vez esa insuficiencia, mi buena y saludable estima por mis propias fortalezas se transformó en un escudo para protegerme en contra de ser juzgada indigna por este nuevo estándar, previamente no considerado.

Esta información de vidas pasadas me dio la libertad de hacer que mi inteligencia e independencia fueran menos rígidas y menos protectoras, permitiéndome expresar más de mi energía sexual femenina. ¿Y qué pasó con aquel hombre? Resultó que estábamos lamentablemente mal sincronizados, pero durante los momentos iniciales de nuestro tiempo juntos él me miraba como si yo fuera la mujer más hermosa y fascinante que jamás había visto. Sin el trabajo de vidas pasadas, habría sido una experiencia sanadora tener su breve admiración. Sin embargo, con el trabajo de vidas pasadas, la sanación fue mucho más profunda. Sin la comprensión consciente de dónde se originó mi inseguridad respecto a mi atractivo para los hombres, sospecho que me habría tomado mucho más tiempo llegar a entender esa lección.

Sus guías presentarán maneras ajustadas a usted para sanar problemas de vidas pasadas. Pero quiero compartir algunas de las técnicas que mis guías han utilizado conmigo.

Uno de los medios más sencillos de sanar un problema de vidas pasadas no implica una exploración de los detalles de la vida en cuestión, sino meramente la intención de cortar lazos o cuerdas a esa vida. Aunque a veces hay dolor al sanar, no siempre es un requisito. En mi opinión, en lo que se refiere al trabajo de vidas pasadas, es mejor si el trabajo no es emocional o desgarrador. Si bien podemos resonar con las personas que fuimos, las experiencias que hemos tenido, o las personas que conocíamos, sigue siendo importante mantener unos límites claros con respecto al hecho de que esa no es nuestra vida actual. La idea es liberar el dolor y las heridas de otras vidas, no revivirlas o procesarlas.

Procesar todas las cosas malas que nos sucedieron en otras vidas nos quita demasiado tiempo y energía para vivir esta vida. Los seres humanos a través del tiempo no siempre han sido buenos unos con otros, y la ausencia de medicina moderna a menudo ocasionó muertes tempranas y sombrías, por lo que hay mucho que decir para que no profundice en ese aspecto. Para cortar cuerdas o lazos con otras vidas, pídale a sus guías que se las muestren. Luego utilice una de las técnicas discutidas en la sección sobre cortar cuerdas.

Por mucho que me guste el método de cortar cuerdas, a veces es valioso conocer los detalles de una situación. Por ejemplo, en la experiencia que relaté, fue bastante valioso poder observar cómo utilicé mis áreas de fuerza y seguridad como un escudo contra los sentimientos de vulnerabilidad que surgieron en torno a mis aspectos más femeninos. Liberar la energía de esa vida me proporcionó cierto nivel de sanación, pero entender el complejo patrón que creció desde ese momento proveyó otro nivel de sanación más enriquecedor. Sus guías deben ser capaces de ayudarle a encontrar un equilibrio entre conocer los detalles y simplemente cortar cuerdas.

Una regla general para decidir si desea explorar los detalles de una experiencia de vida pasada es determinar la relación del problema. Si es algo que se relaciona con su seguridad física y bienestar de una manera fundamental, probablemente le irá bien simplemente cortando las cuerdas en lugar de mirar las imágenes de su yo pasado muriendo fatalmente o siendo herido de alguna manera. Por otro lado, si tiene que ver con sus relaciones con otros o cómo se ve a sí mismo, una exploración más detallada puede resultar útil.

La otra posibilidad es simplemente comenzar con el método de cortar cuerdas y ver si eso resuelve las cosas. Si lo hace, genial. Si no, trate de profundizar. En una situación donde sienta la necesidad de ver los detalles, es probable que ese tema haya aparecido en más de una vida. Puede ver el momento más reciente en que ocurrió o la primera vez que ocurrió, o ambas. Los momentos intermedios en los que la situación ocurrió parecen ser menos relevantes.

El trabajo de vidas pasadas puede proporcionar una poderosa forma de sanación. Es muy importante recordar que el objetivo es liberar energía para estar pleno y completo en esta vida. El viaje chamánico puede incluso ser utilizado para explorar quién era en otras vidas en lugar de resolver problemas. Puede ser fascinante e informativo, pero recuerde, es bueno mirar hacia atrás siempre y cuando no se quede allí.

Contratos y juramentos

Alberto Villoldo cuenta la historia de una mujer que acudió a él después de saber que a su hija adulta había sido diagnosticada con cáncer de mama. En su viaje chamánico, Villoldo vio una escena que parecía ser de una vida pasada. Ella y sus hijos estaban atrapados bajo una casa colapsada, congelándose lentamente hasta morir. Mientras abrazaba a sus hijos moribundos, la mujer oraba para que sus hijos murieran antes que ella para así poder abrazarlos y consolarlos mientras morían. Desafortunadamente, el universo no registró que la oración era sólo para esa situación. La pasión y la intensidad de su petición crearon una tendencia energética que aseguraría esas circunstancias en otras vidas. Villoldo renegoció esa petición y la modificó a: "asegurarse de que mis hijos siempre sepan que los amo".

Los contratos que establecemos y los juramentos que hacemos, en esta vida y en las pasadas, tienen un gran impacto. Nuestras intenciones definen cómo interactuamos con el mundo. En el mundo físico proporcionan varios resultados. En el mundo chamánico y energético, nuestra intención moldea nuestra relación con lo que recibimos del universo. Así, cada vez que hacemos un voto, promesa o juramento con todo el peso de nuestra pasión e intención detrás de él, ya sea a nosotros mismos o a alguien más, el universo toma nuestra palabra y nos apoya para manifestar ese juramento.

Cuando se trata de contratos, juramentos y promesas, hay tres tipos. El primero son los juramentos que hacemos en esta vida. Luego están las promesas y los votos de otras vidas. Finalmente están los contratos del alma que establecemos antes de tomar nuestros cuerpos físicos.

Con los juramentos de esta vida, podríamos mencionar un compromiso con uno mismo a comer mejor o una promesa de amar a alguien "hasta que la muerte los separe". Los juramentos de esta vida incluyen las promesas que nos hacemos a nosotros mismos en la infancia sobre nunca ser vulnerables o no volver a confiar. Estos juramentos y votos son los más fáciles de trabajar porque tenemos toda la información. Incluso si no recuerda conscientemente los juramentos de su infancia, las formas convencionales de terapia nos permiten razonar nuestro camino de regreso a esas intenciones basándose en lo que sabemos acerca de nuestra infancia y nuestros patrones actuales.

Los contratos, juramentos y promesas de vidas pasadas, como la analizada al principio de esta sección, son un poco más complicadas. Uno de los juramentos más comunes de una vida pasada es la intención de nunca usar sus dones espirituales de nuevo. Una mirada rápida a la historia mostrará que las personas que tenían habilidades que sus vecinos no entendían experimentaban rechazo, en el mejor de los casos, y una muerte violenta en el peor. En un mundo que quemaba a las personas en la hoguera como brujas, una persona con habilidades espirituales se volvería muy interesada en negar, renegar y suprimir dichas habilidades. Cada vez que hacíamos un voto en otra vida con gran pasión e intención, tenía el potencial de crear un sello energético que sería llevado a la vida siguiente.

Finalmente, están los contratos y los planes que establecemos para nosotros mismos antes de encarnar. En muchas personas resuena la idea de que planeamos nuestra vida mientras estamos en forma de espíritu. De acuerdo con esta filosofía, escogemos nuestras familias y nuestro camino de vida. Elegimos lecciones en las que queremos trabajar y seleccionamos dones para explorar diferentes pasiones. Cuando encarnamos, no tenemos una memoria consciente de las lecciones de vida y pasiones que hemos seleccionado explorar. Sin embargo, hay un gran apoyo universal y un ímpetu hacia esas cosas, comenzando con la familia en la que nacemos.

Un alma anhelando hacer o ser algo, apunta a esos contratos y planes. Cuando hablamos de encontrar y vivir nuestra pasión desde una perspectiva chamánica, nos referimos a estar en alineación con los contratos del alma que elegimos para nosotros. Podría ser tener hijos, una expresión creativa como el arte o la música, un camino de sanación, la ingeniería, la ciencia—lo que sea que haga cantar a su corazón. Las personas que sobresalen entre nosotros pueden tener una serie de contratos y lecciones en los que están trabajando.

Cuando nos movemos por un camino que está en alineación con esos contratos del alma, contamos con una gran cantidad de apoyo y ayuda proveniente del universo. De hecho, el mundo que nos rodea seguirá brindándonos oportunidades y aliento. Estas oportunidades pueden estar en las cosas que experimentamos como negativas, tales como enfermedades o dificultades que promueven una lección de vida. O pueden estar en escenarios más agradables, en donde nos encontramos con las personas adecuadas y tenemos la oportunidad de dedicarnos a nuestra pasión.

Dado que los contratos, juramentos y promesas comunican al universo las oportunidades y experiencias que queremos que se manifiesten en nuestras vidas, recomiendo que elija sus promesas con gran cuidado. En y por sí mismos, los contratos, los juramentos y los compromisos no son ni buenos ni malos; simplemente informan al universo qué enviar en nuestra dirección. En otras palabras, un contrato o un juramento es un medio para enfocar la intención y manifestar una situación o experiencia dada mientras nuestra atención consciente está ocupada en otro lugar.

Por ejemplo, digamos que, antes de encarnar, decide que quiere tener una hija y establece un contrato con otra alma para que sea su madre. Digamos que también planea tenerla a mediados de los treinta para darse tiempo para trabajar en otras lecciones primero. El contrato del alma le pediría al universo que le de oportunidades para aprender ciertas lecciones antes de sus treinta y para establecer circunstancias que respaldarían tener un hijo a esa edad. Los hijos podrían ser la idea más descabellada de su mente hasta que llega a mediados de los treinta, pero el universo estaría de igual forma trabajando tras bambalinas para asegurarse de que tenga la oportunidad.

Con cualquier juramento y contrato, ya sea de esta vida, una vida anterior, o un contrato de alma, tenemos libre elección. Tenemos la opción de elegir no mantener un determinado contrato o renegociarlo. Volviendo al ejemplo de la hija, si decide que no quiere ser padre, está perfectamente bien, y a menudo hay planes de respaldo para que esa alma nazca de otra persona y entre en su vida como hija de un vecino o como una estudiante.

La idea de que deberíamos mantener siempre nuestra palabra es una simplificación excesiva de un buen principio. Mantener nuestra palabra ciegamente nos hace quedar atrapados en situaciones que no nos sirven a nosotros o a los que nos rodean, como permanecer en una mala relación porque hicimos un compromiso. Cuando se trata de promesas, un mejor principio es asumir la responsabilidad de nuestra palabra. Tenemos el derecho de elegir, y si descubrimos que una opción ya no nos sirve, tenemos el derecho de elegir de nuevo.

En el mundo físico, con las promesas activas que nos hemos hecho a nosotros mismos y a otros, tenemos derecho a renegociar. No hay una regla simple para el bien y el mal cuando se trata de renegociar promesas con otros. Algunas son sencillas. Si prometió recoger a un amigo en el aeropuerto, pero su madre necesita que la lleve al hospital por una emergencia, es claramente apropiado renegociar con su amigo. Otras, como un acuerdo profesional que se ha vuelto complicado de cumplir, pueden requerir mucha más reflexión y creatividad para encontrar una solución que honre los derechos y el bienestar de ambas personas.

Si no puede llegar a un nuevo acuerdo que beneficie a ambas partes, elegir no cumplir una promesa puede ser la mejor opción para usted, pero también puede costarle la confianza y la estima de la otra persona. Cómo manejar contratos y promesas no es una pregunta sencilla, pero es un tema ya trabajado. Tenemos un cuerpo de leyes y un sentido colectivo del bien y del mal que lidia con las promesas entre las personas. Mientras más se esfuerce en cumplir responsablemente sus compromisos y asegurarse de que tanto sus necesidades y las de la otra parte se cumplan, mejor será su relación con las personas que le rodean.

En el mundo energético y chamánico también tiene derecho a renegociar contratos. Se dice que ningún plan de batalla sobrevive al contacto con el enemigo. Del mismo modo, los contratos del alma que parecen perfectos y maravillosos antes de encarnar pueden no ser tan buenos a medida que empezamos a vivir nuestras vidas. Tenemos libre elección, y las formas en que impactamos la vida de los demás pueden ser impredecibles. A medida que su vida se desarrolla, si decide que desea seguir un camino diferente al que escogió antes de nacer, dicha elección es honrada sin juicio.

Alberto Villoldo habla sobre una práctica llamada Recuperación del Destino, en la que las técnicas chamánicas se utilizan para seleccionar un camino de vida diferente al camino en el que el individuo está. Por ejemplo, digamos que alguien está muriendo de una enfermedad terminal y que ha completado todo el trabajo y las lecciones que planeó cuando encarnó. Puede tener planeado morir en un momento dado, pero luego decide que le gustaría explorar otras cosas. Esa persona podría elegir un nuevo camino de vida con nuevos contratos de alma— consciente o inconscientemente—sobrevivir a la enfermedad y seguir un camino completamente diferente.

Las herramientas chamánicas pueden ser inmensamente útiles para asegurar que todos sus contratos y juramentos le sirvan para bien. En primer lugar, puede utilizar el viaje chamánico para entender los juramentos, contratos y promesas que haya hecho a un nivel energético, los cuáles tienen un fuerte impacto en las circunstancias que se están manifestando en su vida. Para hacer esto, vaya a su lugar de poder y pregúntele a sus guías cualquiera de las siguientes preguntas que sienta es más apropiada:

- ¿Cuáles son los contratos primarios de vidas pasadas que están impactando esta vida?
- Por favor, muéstrenme cualquier contrato que esté interrumpiendo mi relación correcta con el universo.
- ¿Cuáles son mis contratos del alma que están activos en este momento?
- ¿Qué opciones estoy tomando en mi vida que están fuera de alineación con los contratos de mi alma?
- ¿Cómo mi vida actual se ha desviado de mi plan inicial de vida?
- ¿Qué juramentos hice de niño que están impactando mi vida actualmente?
- ¿Qué estoy pidiéndole inconscientemente al universo que manifieste en mi nombre?
- ¿Este problema es el resultado de un contrato o juramento?

Una vez que haya reunido información sobre la naturaleza de sus contratos y juramentos, puede comenzar a actuar sobre ellos. Si tiene un voto de una vida pasada de no volver a utilizar sus habilidades de sanación de nuevo, es posible que desee renunciar a ese juramento. Si su promesa de quedarse con alguien para siempre no le está sirviendo a ninguna de las partes, es posible que desee reconsiderar ese contrato. Si tiene un contrato para sanar a través de la música, puede querer comprometerse conscientemente con ese contrato tomando lecciones de canto o aprendiendo a tocar un instrumento. Los contratos de alma más grandes pueden tomar una gran cantidad de consideración y estudio del alma antes de que decida cumplirlos o renegociarlos. Repito, puede hacer un viaje con la intención de buscar la ayuda de sus guías en cualquiera de las siguientes preguntas o intenciones:

- Por favor, ayúdenme a renegociar este contrato de una vida pasada.
- ¿Cuál sería el resultado de cumplir este contrato del alma?
- ¿Cuál sería el resultado de elegir no cumplir este contrato del alma?
- Por favor, ayúdenme a explorar la pregunta de si este plan o promesa todavía encaja para mí.
- ¿Qué pasos puedo tomar ahora mismo para abrir la puerta a este contrato del alma?

Los contratos, juramentos y promesas son muy poderosos a un nivel energético. Incluso quienes no tienen ningún interés en la espiritualidad o en la metafísica son propensos a entender la importancia y el significado de mantener una promesa. En muchos de nuestros mitos e historias, la trama gira alrededor de la decisión del personaje de honrar o no honrar una promesa cuando las ramificaciones exceden por mucho cualquier cosa que pudo haber predicho. En resumen, el concepto de promesas y juramentos tiene un enorme peso y resonancia dentro de la experiencia humana.

Al moverse por el mundo, asegúrese de que sus juramentos, promesas y contratos están trabajando a su favor y no en su contra. Honre los contratos tomando el tiempo pertinente para explorarlos y renegociarlos, pero no esté atado a ellos o permita que le impidan elegir algo cuando sea necesario. En cuanto a las promesas que le funcionen bien, permita que el juramento y el contrato ayuden a manifestar y apoyar ese resultado a medida que trabaja conscientemente hacia una meta dada. Cuando usa su energía de una manera que está en alineación con un contrato, la ayuda vendrá de todas las direcciones y un pequeño esfuerzo traerá un gran resultado.

Capítulo 11—Recuperando Todas las Piezas: Trabajo de Sombras y Recuperación del Alma

Trabajo de sombras

Como seres humanos, tenemos muchos lados y aspectos. Las partes de mí que salen a pasear con amigos son a menudo diferentes a las partes que se expresan en mi trabajo. Mi naturaleza sexual es un gran ejemplo de esto—por mucho que yo abrace ese aspecto de mi ser, no lo expreso con compañeros de trabajo o clientes. Hay aspectos de nuestro ser conscientes y despiertos, así como aspectos más elusivos e intuitivos que provienen de niveles más profundos y menos conscientes del ser. Cada parte ofrece regalos y recursos a medida que avanzamos en la vida. El reto es conseguir que todos estos aspectos funcionen armoniosamente para que apliquemos el más útil dependiendo de la situación.

Desafortunadamente, crecemos aprendiendo que ciertos aspectos de nosotros mismos son "malos" y "equivocados", en lugar de recibir orientación sobre cómo aplicarlos correctamente. De hecho, encontramos a nuestras familias y sistemas escolares trabajando, tanto de manera encubierta como abierta, para evitar que alcemos nuestra propia voz. A los padres y maestros frecuentemente les resulta mucho más fácil tratar con niños que obedecen, guardan silencio y no expresan emociones dolorosas.

Con el tiempo, podemos desarrollar una relación adversaria con nosotros mismos, clasificando ciertos aspectos nuestros en categorías de "bueno" y "malo". Nuestra autoestima se vuelve dependiente de cuán efectivamente podamos renegar de ciertos aspectos de nosotros mismos. Estos aspectos se convierten en lo que generalmente se conoce en la comunidad metafísica como "sombras". Éstas incluyen todas las cosas sobre nosotros mismos de las que nos avergonzamos y que deseamos que desaparezcan. Pueden estar hechas de muchas cosas: emociones que hemos polarizado como "malas", como la ira o la tristeza, atributos y cualidades de las que nos han hecho sentir avergonzados, o aspectos de nuestra sexualidad.

Para identificar su sombra, mire lo que juzga más duramente en otros y qué cualidades o comportamientos producen una reacción negativa desproporcionada. Con frecuencia, condenamos nuestras sombras renegadas en otros. Tal vez usted no puede convivir con personas ruidosas o descuidadas, o aquellos que tienen sobrepeso. Incluso si usted no personifica la cualidad y la ha suprimido efectivamente, si se enoja mucho con las personas que expresan ese aspecto, es un indicador de una sombra renegada. Irónicamente, mientras más tratamos de ocultar, suprimir y controlar estos aspectos sombríos, más probable es que aparezcan en el peor momento posible y de la manera más inapropiada, reforzando el deseo de repudiarlas. Este proceso conlleva una enorme cantidad de vitalidad y energía vital y nos deja sintiéndonos fragmentados y en conflicto con nosotros mismos.

En algunos casos, renegar un aspecto puede llevar a la pérdida del alma. En lugar de convertirse en un aspecto que es renegado y privado de sus derechos, pero que aún forma parte de usted, dicha parte en realidad se va, separándose y quitándole parte de su energía vital. Esto sucede a menudo cuando un niño siente que un aspecto no puede y no debe ser una parte de él si quiere sobrevivir—física o emocionalmente. Así que lo envía lejos. Una manera de determinar si una parte de la sombra realmente se ha ido completamente es si hay una completa ausencia de un aspecto que todos los demás parecen tener. También puede hacer un viaje chamánico para preguntarle a sus guías si ha experimentado pérdida de alma debido a aspectos renegados. Sanar este tipo de experiencia requiere una recuperación del alma, lo cual discutiré en una sección posterior. Pero, más a menudo, simplemente nos esforzamos por ignorar y suprimir estos aspectos de nosotros mismos en lugar de enviarlos lejos.

Al tratar con el trabajo con sombras, los trabajadores de la luz a menudo se alejan, o se acercan a él, como el equivalente energético de una repugnante medicina que mejorará la salud espiritual. Sin embargo, mientras escribo sobre el tema, me acuerdo de Peter Pan, quien lloraba porque había perdido su sombra y no podía hacer que se quedara. Después de que Wendy cosió su sombra, una vez más se llenó de alegría y luz y la magia de poder volar. Para llevar la analogía un poco más lejos, fue un poco incómodo cuando Wendy cosió la sombra de nuevo, pero perder su sombra, no el pinchazo, fue lo que hizo llorar a Peter.

A menudo sentimos que nuestras sombras son grandes y terribles y no pueden ser queridas, así que no es de extrañar que incluso cuando hemos decidido trabajar en integrar nuestros aspectos sombríos, sentimos trepidación. Sin embargo, cuando se trata del trabajo con sombras, he descubierto que lo que parece enorme y terrible y aterrador es mucho más pequeño y agradable cuando se mira de manera diferente. Imagine la sombra de un enorme monstruo aterrador que resulta ser un gatito moviéndose debajo de una manta.

Los regalos de este trabajo son enormes. Cuando reclama y reintegra estos aspectos renegados, aumenta su vitalidad y energía vital. Las sombras reintegradas siempre mejoran nuestro sentido de integridad, protegiéndonos, fortaleciéndonos y permitiéndonos ser más espontáneos y estar más presentes en la vida diaria.

También negamos nuestras fortalezas y potenciales, separándonos de la capacidad de realizar nuestras vidas como deseamos que sean. En ese caso, estos aspectos son a menudo cosas que admira apasionadamente en otros. Por ejemplo, digamos que admira profundamente al Dalai Lama. Cuando lo ve más de cerca, puede ser que comprenda que la admiración es sobre todo por su capacidad de permanecer centrado en situaciones difíciles o su capacidad de combinar la risa y la espiritualidad. Su poder e influencia puede no importar o puede estar en el centro de aquello a lo que usted responde. Cualquiera que sea la cualidad específica, lo que más aprecia es el aspecto plenamente realizado de algún potencial dentro de usted mismo.

Cuando observamos cualidades y aspectos de nosotros mismos como binarios, es decir, presentes o ausentes, nos convencemos de tratar de desarrollar las partes ausentes. Para cualquier talento o atributo dado, siempre habrá personas mejores y peores, así que las comparaciones no tienen sentido. Se requiere esfuerzo y atención para desarrollar una cualidad potencial, y está bien elegir conscientemente no invertir ese esfuerzo. Es desafortunado que muchas personas no tomen este tipo de decisiones conscientemente. Cuando decimos que admiramos algo en alguien más y que nunca podríamos ser eso, negamos una parte de nosotros mismos y nos damos permiso para no crecer o luchar, sin siquiera reconocer esa decisión.

Un viaje chamánico es una excelente manera de entender y recuperar nuestros aspectos renegados. Al lidiar con ellos de forma no verbal a través de símbolos, mitos y arquetipos, podemos entender estas partes de una manera que sería difícil de comprender en nuestra experiencia diaria. Si bien nuestra experiencia consciente puede ofrecer percepción y conciencia de los aspectos que hemos renegado, el trabajo chamánico es una herramienta para la plena reintegración de esos aspectos. Además, al usar métodos chamánicos para hacer este trabajo, usted puede llevar consigo ayuda y apoyo extra en la forma de guías espirituales y animales de poder.

La primera vez que viajé para hacer un trabajo de sombras, un grupo de guías espirituales me ayudó a prepararme ritualmente para este trabajo bailando alrededor de mí y pintando mi cara antes de llevarme a una cueva para encontrarme con el aspecto de mi sombra. A medida que avanzaba sola en la oscuridad, hacia la luz de una fogata, supe que llevaba el poder y el apoyo de mis guías. Los mitos e historias del viaje hacia lo desconocido siempre han resonado muy fuertemente en mí. Así, cuando mis guías enmarcaron la experiencia como una especie de viaje heroico, tuve un contexto para calmar mi miedo y aprensión y me permitió seguir adelante a pesar de estos sentimientos.

Cuando encontré a mis aspectos sombríos esperándome en mi jardín sagrado, tuve la oportunidad de interactuar con esa parte de mí como si fuera un ser separado. Mi sombra renegada se veía exactamente como la había proyectado—fea y aterradora. Además, estaba enojada y herida. Había nacido como una parte de mí con nada más que regalos y buenas intenciones para apoyarme en el mundo y yo la había rechazado categóricamente, dejándola sin amor y sin reconocimiento. Este aspecto de mí misma llevaba algunas de mis heridas e inseguridades de la infancia.

Sin embargo, cuando superé mi propio miedo y vi las cosas desde ese otro punto de vista, mi sombra tuvo mucho que decirme. Cuando dejé de tener ideas preconcebidas al respecto, vi a una niña pequeña, la cual no daba miedo en absoluto. Esos aspectos de mi sombra habían absorbido gran parte de mi fuerza, resistencia y habilidad para protegerme a mí misma. Cuando reintegré todos los aspectos de estas características, de repente tuve acceso a mi fuerza y poder inherente. No fue un viaje fácil, pero sí uno de los más gratificantes.

Si decide hacer un viaje chamánico para explorar aspectos de usted mismo que ha renegado, elija un momento en el que se sienta especialmente seguro y centrado. Sea muy consciente de que el viaje puede ser emocionalmente desafiante y que, si llega a ser demasiado para usted, tiene la opción de parar. Como he mencionado antes, no creo en el masoquismo o el machismo espiritual, especialmente con el trabajo de sombras. Si está abrumadoramente asustado, puede hacerse más daño que bien.

Si el trabajo de sombras se siente especialmente aterrador, le recomiendo empezar con un viaje separado para juntar recursos y obtener sanación antes de reunirse con su sombra. Pídale ayuda y sugerencias a sus guías sobre cómo este trabajo puede ser tanto poderoso como sutil. Tal vez se ofrezcan a sostener su mano o sentarse a su lado. Podrían ofrecer sanación y ayudarle a trabajar en algunas de las heridas de la infancia que llevaron a renegar esa parte especifica. Tal vez sugieran algunas cosas que usted podría hacer en la realidad ordinaria, como escribir un diario, para empezar a explorar aspectos que ha repudiado antes de encontrarse con ellos en la realidad chamánica.

Al reunirse con sus aspectos renegados, tendrá la oportunidad de hablar con ellos y escuchar su punto de vista. Existe la oportunidad de entender lo que causó que rechazara estas partes en primer lugar. Puede preguntar qué regalos traerá dicho aspecto a su vida y cómo puede hacer que se sienta bienvenido. Reintegrarlo literalmente significa recuperar un pedazo de usted mismo. Todo el conflicto interno ocasionado por el rechazo a una parte de su ser se detiene y la energía de ese conflicto puede ser redirigida a los objetivos de su elección. Su sentido y valor propio se vuelven más sólidos y completos. El trabajo de sombras, la experiencia de aceptar y reconocer cada parte de nosotros mismos sin calificarlo de "bueno" o "malo", es una parte fundamental para llegar a ser completos.

Recuperación del alma

La recuperación del alma tiene un lugar especial en mi corazón. Es una práctica de sanación muy gentil, agraciada y profunda. Mi propia recuperación del alma me cambió la vida y siempre siento una alegría especial cuando un cliente escoge una recuperación del alma de entre mis servicios de sanación.

El término "recuperación del alma" puede ser confuso. Mientras que el término "alma" se utiliza a menudo, es difícil de definir. En la recuperación del alma, el alma es la esencia energética de su ser. Abarca los aspectos intangibles de su ser, incluyendo dones, cualidades y aspectos de quién es. El alma en el proceso de recuperación de la misma es nuestro ser espiritual y esencia. La pregunta existencial de la naturaleza del alma no es importante para esta práctica, aparte del concepto de que la esencia espiritual o vital que compone su alma puede fragmentarse. En otras palabras, pedazos de su alma pueden llegar a ser separados, quedar atrapados y perderse. Si imagina la energía del alma como una esfera, cuando ocurre la pérdida del alma, hay vacíos y áreas faltantes.

La pérdida del alma es parte de la experiencia humana. Está diseñada para proteger nuestra esencia espiritual de varios tipos de trauma. Si algo traumático nos sucede, como un accidente de coche, violencia física, o un ataque emocional, lo último que queremos es estar totalmente presentes en nuestros cuerpos y en la experiencia. Debido a esto, parte de nosotros desaparece para evitar el trauma. Los psicólogos se refieren a esto como disociación. La comunidad chamánica lo llama pérdida del alma. De cualquier manera, nos ayuda a sobrevivir los varios tipos de trauma que suceden en nuestras vidas.

Hay muchos tipos de trauma que pueden causar pérdidas del alma. Cualquier cosa que le haya pasado que le haya causado una lesión física o que realmente haya hecho fluir la adrenalina en su cuerpo tiene el potencial de causar pérdida del alma—por ejemplo, accidentes, cirugías, violencia sexual, o traumas relacionados con guerras. Siempre que alguien dice: "Nunca he sido el mismo desde mi accidente, esa relación, mi cirugía, etc.", está describiendo una experiencia de pérdida del alma. El trauma que causa la pérdida del alma puede ser sutil y diferente para cada persona. Ser acosado o avergonzado puede causar que un niño sensible pierda partes de su alma. Sandra Ingerman cuenta la historia de una cliente que experimentó pérdida de su alma a la edad de tres años cuando su madre no la dejó escalar un árbol.

Cualquiera que sea el trauma, el mecanismo protector de la pérdida del alma causa que parte de nuestra esencia de vida se vaya para protegerse a sí misma de ser dañada o traumatizada. La parte del alma que se va a veces se lleva algo del recuerdo y la urgencia de la experiencia. En el curso normal de los acontecimientos, la esencia del alma regresa por sí sola después de que el trauma haya pasado. Sin embargo, a veces el trauma es tan severo que la parte del alma va tan lejos y tan rápido que no puede encontrar el camino de regreso y se pierde. En casos de trauma crónico o abuso, la parte del alma puede que no sepa que es seguro volver. No hay tiempo en la realidad chamánica, por lo que la parte del alma no sabe que han pasado veinte años y que el padrastro violento ya no está.

Otro tipo de pérdida del alma es cuando una parte se va porque no encaja o porque es enviada lejos. Esto podría ser un aspecto que es avergonzado o castigado; por ejemplo, una chica podría alejar su enojo. Cualquier cualidad que pueda ser perjudicial para una familia ya disfuncional es probable que sea expulsada por un niño, pues una mayor desestabilización de la familia pone en peligro su supervivencia y bienestar. También he visto personas perder partes por desilusión, a menudo en sus veintes. No hubo trauma, pero alguna parte de ellos no encontró expresión y se fue.

Finalmente, la pérdida del alma puede ocurrir cuando partes de nuestra alma son tomadas o entregadas a personas significativas en nuestras vidas. La madre de una niña puede tomar la parte que su madre tomó de ella y su madre antes de ella y así sucesivamente. Como seres humanos, luchamos para mantener buenos límites físicos y emocionales. El concepto de buenos límites energéticos no es algo que maneje la mayoría de las personas. Cuando las partes del alma son tomadas o intercambiadas, invariablemente sucede en un nivel energético inconsciente. Las personas a las que les han quitado partes de su alma sin saberlo, toman partes del alma de otros. Si bien no hay juicio o culpa, esto pone a los afectados en una relación energética inapropiada.

Imagínese a una madre, ya disminuida por sus propias experiencias de pérdida del alma, mirando a su hijo. Ella podría pensar que, si pudiera tener algo de la vitalidad y energía de su hijo, sería capaz de hacer frente a su vida. En un nivel energético, ella extiende su mano y toma algo de la esencia del niño. El niño puede resistirse al principio, pero con el tiempo es más fácil renunciar a la parte del alma que seguir luchando. O tal vez el niño siente pena por la madre y le entrega voluntariamente la parte de su alma. Una vez más, quiero hacer hincapié en que esto no es deliberado. Cuando recupero partes de almas, los padres siempre están contentos de renunciar a las partes del alma de sus hijos una vez que se dan cuenta de lo que han hecho.

En una relación romántica, los involucrados a menudo intercambian partes de su alma. La mitología del amor de nuestra cultura nos enseña que, cuando amamos a alguien, le damos nuestro corazón y alma. Es fácil confundir una falta de límites energéticos con cercanía y conexión. Las personas a menudo dan inconscientemente a su amante algo de su propia esencia vital de vida junto con su amor. Este intercambio hace a ambas personas más dependientes, menos capaces de valerse por sí mismas y, por lo tanto, menos propensas a dejarse. Puede sentirse más seguro y más armonioso para ambas partes, pero en realidad, ambas personas se ven disminuidas.

Cualquiera que sea la fuente de la pérdida del alma, los efectos son muy similares. La pérdida del alma disminuirá el sentido de bienestar y alegría en la vida de una persona. Puede causar una falta de vitalidad e interés en el mundo. Los afectados a menudo se sienten deprimidos, apáticos, como si el mundo fuera todo gris. La pérdida del alma puede conducir a lagunas en la memoria. Los afectados pueden sentirse fragmentados, nublados, o incluso como si faltaran piezas. Las personas con pérdida del alma pueden usar una gran cantidad de energía trabajando en eventos de su pasado y todavía sentirse afectados por ellos. En casos extremos, la pérdida del alma puede causar una falta de sentido del yo, tendencias suicidas y vulnerabilidad a enfermedades físicas.

Cuando alguien viene a mí para una recuperación del alma, hablo con él sobre el potencial impacto en su vida, el cual puede ser de grandes proporciones. Es una sanación poderosa, pero después mi cliente puede encontrar mucho más difícil aceptar situaciones donde no está siendo honrado, independientemente de las ventajas económicas o emocionales de estar en ese lugar. El universo nos apoyará y cuidará en las transiciones que hagamos, pero el cambio es incómodo y cuanto más rápido pase el crecimiento, más inestable será nuestra vida.

Esto es particularmente cierto si alguien ha dado partes de su alma a otra persona. En algunos casos, devolver las partes del alma a mis clientes les coloca instantáneamente en una relación más apropiada con las personas en sus vidas que habían sostenido previamente las partes de sus almas. Las tensiones y conflictos pueden disiparse de la noche a la mañana sin que las otras partes sean conscientes de que se ha producido una recuperación del alma. En otros casos, si un matrimonio se tambalea al borde de un abismo, por ejemplo, una recuperación del alma podría ser el final de esa unión. Cualquier relación donde la otra persona está sumida en controlar a mi cliente, es probable que sea interrumpida por una recuperación del alma. Esto se debe a que una recuperación del alma hace al receptor más fuerte, más completo y más difícil de controlar.

Por otro lado, para las personas que han dejado una relación importante y descubren que están teniendo problemas para seguir adelante, una recuperación del alma puede ser perfecta. Muy a menudo una parte del alma es dejada con el ex cónyuge o amante y devolvérsela a mi cliente lo libera para seguir adelante.

Al momento de hacer una recuperación de alma para alguien, mis guías me han dicho que comience parándome en una cascada para asegurarme de que estoy completa y energéticamente limpia antes de empezar. Luego construyo una fogata en mi jardín sagrado y bailo alrededor de ella hasta que lleguen mis guías espirituales, los cuales me asisten en esta terapia. Luego vamos juntos al Mundo Inferior a buscar animales de poder que apoyarán a mi cliente a través del proceso de reintegración. Después de encontrarme con los animales de poder de mi cliente, le pregunto a sus espíritus guías si hay un mensaje o información para él.

En ese punto, el verdadero trabajo de recuperación del alma comienza. Entro en un vacío chamánico y espero a que aparezcan los pedazos del alma que traeré de vuelta a la luz, mostrándome cuántos hay y dónde se encuentran. Mi caballo entonces me lleva a cada uno de ellos en el orden que mis guías consideren que es el más apropiado. Rara vez seleccionan un orden cronológico. En ese momento trabajo con las partes del alma en cualquier situación que las encuentre.

Si la parte del alma está sola, le hablo de cómo mi cliente está listo para recibirla de vuelta y que le gustaría que regresara. Le doy espacio para que me cuente su historia. A veces la parte me cuenta por qué se fue. Observo el entorno en el que encuentro la parte del alma y lo antiguo que parece ser. Si se trata de una parte del alma de un niño, a menudo insiste en que quiere montar mi caballo, mientras que partes del alma más viejas a menudo están contentas de volver como energía. Juntos vamos hacia adelante para encontrar la siguiente parte del alma.

Si una parte del alma la tiene alguien más en la vida de mi cliente, negocio para que esa persona la libere voluntariamente. Antes de hacer esa petición, ofrezco una recuperación del alma para la persona que tenga la parte del alma de mi cliente. Mi halcón irá y traerá de vuelta las partes del alma que esa persona perdió que causó que tomara la parte del alma de mi cliente. No es una recuperación completa del alma, pero invariablemente después de que el aspecto chamánico de esa persona recupera su propia parte del alma, estará dispuesta a renunciar a la de mi cliente. En la realidad chamánica, la persona que tiene la parte del alma de mi cliente tiene mejor acceso a su ser superior. Así que sin importar cuán desconectados de su amor y compasión puedan estar en la realidad ordinaria, a menudo experimentan esas emociones en el mundo chamánico.

Como he mencionado, cuando se obtiene una parte del alma de otra persona, a menudo hay un impacto en la relación. Para un adulto, recuperar las partes del alma de su infancia que fueron tomadas por sus padres puede suavizar la relación energética. El regreso de una parte del alma que fue tomada por un ex amante o cónyuge puede liberarle para seguir adelante. Si alguien que tomo su parte del alma ha muerto, devolver dicha parte tiene un poderoso beneficio para ambas partes. En primer lugar, libera el alma de la otra persona para seguir adelante, descargada por la energía que no puede usar, pero para mi cliente, puede liberarlo de una fascinación y un tirón hacia la muerte. No es una situación común, pero a veces cuando un ser querido muere sin renunciar a una parte importante del alma de alguien, puede haber una fuerza energética que hace que esa persona muera antes de tiempo.

Una vez que he reunido de tres a seis piezas del alma que mis guías han identificado como las más críticas, me paro en un acantilado y lanzo una red energética en las vidas pasadas de la persona. Traigo hacia mí cualquier energía del alma que fue dejada atrás o quedó atrapada allí y la añado a las otras partes que estoy trayendo de vuelta. Para algunos clientes, hay una gran cantidad de esencia de vida en sus vidas pasadas, mientras que para otros sólo un poco.

Una vez que he reunido todas las partes del alma y la energía, vuelvo a la realidad ordinaria con las partes sostenidas en mis brazos. Mientras me siento, me inclino y soplo las partes del alma dentro mi cliente, primero en el chacra del corazón y el resto en el chacra de la corona. Siempre puedo sentir la energía primero en mis brazos y luego moviéndose dentro de mi cliente. Sello su aura con mis manos o con un sonajero y le hago saber que el trabajo está completo. Me gusta darle a mi cliente algún tiempo para procesar la experiencia antes de hablar con él sobre ello. Si estoy trabajando a distancia, hago esta parte desde dentro de la realidad chamánica.

Después de que el cliente ha tenido unos momentos para procesar la experiencia, comparto los detalles de mi viaje. Le insto a conversar brevemente con las partes del alma que han regresado. Además, aprovecho para preguntarles si tienen información para compartir sobre por qué se fueron, qué regalos traen de vuelta, y cómo mi cliente puede hacer que la estadía sea más cómoda para ellas. Por supuesto, la negociación puede ser necesaria para la última pregunta, ya que una parte del alma de tres años de edad puede querer cosas que no son prácticas para un adulto. Un ejemplo sería que, si una parte del alma joven quiere helado y ahora usted es intolerante a la lactosa, podría recordar lo que era comer helado en lugar de realmente comerlo y enfermarse. Es importante dar la bienvenida a esas partes y celebrar su regreso.

Después de una recuperación del alma, mi cliente a menudo continúa experimentando el retorno de partes del alma, las cuales regresan por sí mismas ahora que el proceso ha sido activado. Esta es una de las razones por las que la mayoría de las personas sólo necesitan una recuperación del alma en lugar de varias sesiones. Por supuesto, el retorno del alma también puede ocurrir sin ninguna intervención chamánica directa. Existen muchas técnicas de terapia que permiten ponerse en contacto con su niño interior que podrían dar lugar al retorno de esa parte. La sanación con energía también puede causar que una parte del alma regrese naturalmente.

Hay quienes experimentan la recuperación del alma como un cambio radical en su vida; otras personas sienten un impacto más sutil. Como seres humanos, todos experimentamos la pérdida del alma, pero para algunos las pérdidas son menores y tienen menos influencia. Siempre animo a mis clientes a confiar en su intuición. Las experiencias más poderosas suceden cuando mi cliente tiene un fuerte conocimiento interno de que necesita una recuperación del alma. Sin embargo, si usted se siente inclinado a explorar una recuperación del alma, pero no siente una necesidad apasionada, puede beneficiarse igualmente.

Para quienes entienden el concepto de la pérdida del alma, ya sea que sigan o no hacia adelante con dicho proceso, hay una oportunidad de moverse a través del mundo con límites energéticos mucho más saludables. Es bueno estar consciente de no dar partes de nuestra alma, no importa cuán profundamente amemos a alguien. También puede establecer su intención de liberar cualquier parte del alma que haya tomado de otros. Al soltar esas partes, se libera de cargas inútiles de energía. También mejora su relación energética con las personas cuyas partes del alma usted tenía y, además, lo coloca plenamente en relación correcta con el universo. Usted no necesita ningún entrenamiento chamánico para liberar partes del alma que pertenecen a otros. Simplemente declare su intención de que todas las partes del alma ajenas que tenga sean devueltas a las personas a las que pertenecen. Puede pedirle ayuda a sus guías. Si quiere, puede hacer un viaje chamánico específico para liberar las partes del alma de otros.

Una de las preguntas que me hacen muy seguido es si se pueden hacer viajes de recuperación del alma por sí mismo. Esto funciona muy bien al momento de recuperar partes del alma que han sido renegadas o que se han separado a través de traumas. Es un viaje avanzado, por lo que querrá asegurarse de sentirse muy cómodo con el proceso de viajar en primer lugar. En ese caso, establezca su intención y pídale a sus guías ayuda e instrucción.

Sin embargo, cuando hay partes del alma que están con otra persona, dejar que un experto haga el viaje para recuperarlas es generalmente la mejor opción. Soy una firme partidaria de que las personas se empoderen a sí mismas y usen el chamanismo como una herramienta para la autosanación, pero, en este caso, resulta bastante complejo, por lo que buscar la ayuda de un practicante chamánico experimentado es una buena idea.

No le recomiendo que se comprometa a hacer este trabajo por otros sin una gran cantidad de práctica y entrenamiento en el viaje chamánico y habilidades de movimiento de energía. Además de la necesidad de un viaje claro y preciso, la transferencia de la esencia energética de otra persona desde la realidad no ordinaria a la realidad ordinaria y luego a su cuerpo físico no es fácil. Manipular de mala manera partes del alma de alguien podría accidentalmente hacerle daño. Viajar para que alguien descubra su animal de poder o para obtener información es una apuesta mucho mejor cuando está empezando.

PARTE 4
VIAJES, HISTORIAS Y EXPERIENCIAS

Capítulo 12—Viajes, Historias y Experiencias

En esta sección, me gustaría compartir algunos de mis viajes que no han sido relatados en otras obras.

Es importante entender que, en la realidad chamánica, diez personas podrían hacer la misma pregunta y obtener doce respuestas diferentes. Uno de los aspectos más poderosos de dicha realidad es que ofrece la oportunidad de recibir sabiduría espiritual hecha a la medida para nosotros—nuestros guías recomiendan prácticas y lecciones y transmiten información basada en quienes somos individualmente. Así que por favor entienda que cuando comparto un viaje, está basado en lo que es verdad para mí, no de lo que es objetivamente cierto.

Viaje más allá del momento de mi propia muerte

Tomé una clase titulada "Chamanismo, Morir, y Más Allá", la cual incluía técnicas chamánicas para ayudar a las almas a cruzar y seguir su camino. Uno de los viajes que hicimos fue al momento más allá de nuestra propia muerte, para investigar lo que está en el otro lado. Cada uno tuvo experiencias completamente diferentes.

En la realidad chamánica, cuando alguien se está preparando para morir o para hacer un gran cambio en su vida, a menudo lo veo de pie en un acantilado, preparándose para ir más allá. Mis guías me mostraron que la manera de aventurarme más allá del punto de mi propia muerte en la realidad chamánica era ir por un acantilado hacia una bella neblina rosada, anaranjada y dorada. Respirando profundamente, me dirigí hacia el acantilado y directo a la niebla.

Al otro lado, fui recibida por varias personas en una gran fiesta. La mayoría de las muertes en mi vida han sido de animales, y todos ellos estaban allí para saludarme—perros, gatos, cabras y un caballo, el cual había sido mi más cercana conexión cuando era niña y parte de mi adolescencia. Había un ambiente de celebración y reunión. Después de pasar tiempo con ellos, me reuní con un consejo de personas que parecían estar allí para ayudarme a revisar mi vida. No me juzgaban ni estaban particularmente serios, y parecían considerar que el viaje que estaba haciendo era divertido y útil. Hablamos un poco y les hice algunas sugerencias sobre cómo podría ser mi próxima vida, pero acordamos que era muy pronto para empezar a hablar de eso.

Empecé a investigar el lugar. Me mostraron un área donde las personas que eligen procesar el dolor o las heridas pueden tener su espacio, siempre y cuando lo deseen. También me mostraron una parte donde las personas podían simplemente dejar la energía vieja—dolor, heridas, etc. Ellos tomaban sus antecedentes (en forma de maletas) y los ponían en una máquina que transformaba la energía en arco iris, poniendo dicha energía estancada de nuevo en movimiento para ser usada para el bien de todos. Vi un área donde las personas podían tomar las partes del alma que se habían separado o aspectos de sí mismas que habían escogido no llevarse con ellas para tener una determinada experiencia de vida. Tuve la sensación de que había tanto tiempo como cualquiera desearía para descansar y reponerme, para visitar seres queridos, y para pensar en la vida que había terminado. El viaje fue maravilloso, pero fue muy claro para mí y para aquellos a mi alrededor que actualmente estoy muy conectada a mi vida.

Viajes con animales en mi vida

Taz

Vivo con una hermosa gata calicó llamada Tazendra, o Taz, para abreviar. Taz es una vieja y sabia alma con energía de abuela. Tiene muy claro quién es. Ella y yo somos seres obstinados, y en las ocasiones en que tenemos diferencias, la discusión parece ser acerca de cuál de nosotras es el alma mayor. Taz me ama, pero también está dispuesta a sentarse y verme descubrir mi propio camino. Ella me vio aprender el viaje chamánico y la sanación con energía y dejó claro que sabía acerca de estas cosas antes de que yo las descubriera.

En una ocasión, estaba haciendo una recuperación del alma para una amiga en mi casa. Poco después de empezar mi viaje chamánico, Taz deliberadamente saltó a mi regazo y se acostó. Normalmente me deja sola cuando estoy viajando, así que pasé un momento preguntándome si debía empujarla para no distraerme. Para mi sorpresa, ella apareció en la realidad chamánica conmigo y me hizo saber que sabía que estaba haciendo una recuperación de alma y que ella tenía una razón para ir. Por supuesto, Taz no me dijo cuál era la razón, pero tuve la sensación de un maestro mayor y más sabio diciéndole a una estudiante, "Lo estás haciendo muy bien, continúa". Ella se mantuvo perfectamente quieta por el resto del viaje y me olvidé rápidamente que estaba allí.

Cuando llegué a la última parte del alma que iba a traer de vuelta, se trataba de una niña de tres años acurrucada en una bola. La pérdida del alma había ocurrido como resultado de un abuso sexual, y la niña estaba llorando. Su capacidad para confiar y conectar había sido dañada tanto que no pude alcanzarla. En ese momento, Taz se acercó y comenzó a lamer las lágrimas de la cara de la niña. La niña lanzó sus brazos alrededor de Taz y la sostuvo fuertemente. Taz le hizo saber que ya estaba a salvo, y luego la niña accedió a venir conmigo.

Al contarle lo sucedido a mi amiga, ella mencionó que su foto favorita a los tres años era con una gata calicó que se parecía mucho a Taz. Esa gata era muy querida por su yo de niña, y mi propia calicó comprendió que ella sería necesaria cuando empezara el trabajo.

Morrigan

Mi otra gata, Morrigan, es muy diferente de la autosuficiente Taz. Morrigan es sin duda la más dulce de las dos, pero hay una peculiaridad en ella: no le gusta cuando entro en la realidad chamánica—puede sentir el momento exacto en que me voy y a menudo llora y maúlla hasta que vuelvo. A veces me despierta de un sueño profundo si siente que estoy vagando demasiado lejos en mis sueños. Entonces decidí usar el viaje chamánico en un esfuerzo para entenderla.

Mis guías me mostraron que, en una vida pasada, ella era mi nieto, un alma sensible y gentil con la habilidad de mirar entre los mundos. Yo era la única persona que entendía a este chico, y vivíamos en un mundo que valoraba a los hombres duros y prácticos, incluso más de lo que lo hacemos hoy en día. Mientras viví, insistí en que la familia lo honrara como era, pero cuando morí, perdió a la única persona que lo entendía, a su protectora. La familia no entendía la profundidad de la pérdida ni quién era él como persona.

Es por eso que Morrigan, quien está en mi vida hoy como mi gata, tiende a ser pegajosa y se molesta cuando me voy. El mejor acuerdo al que he llegado para el viaje chamánico es que, cuando yo viaje y ella comience a llorar, la invito a unirse a mí en la realidad chamánica. Tan pronto como aparece en el mundo chamánico, deja de llorar. Generalmente se une a mí en la realidad chamánica viéndose del tamaño de un elefante. Creo que siente que no la noto tanto como debería y, por lo tanto, se asegura de que no haya manera de que la eche de menos.

Una cabra

Mientras crecía en una granja en el norte de California, una de mis cabritas fue mordida en la cabeza por una serpiente cascabel. Cuando la encontré, su cabeza estaba hinchada el doble de su tamaño normal. Llamamos al veterinario y pasé horas sosteniéndola en mis brazos, completamente concentrada en ella. En ese momento, no tenía ni idea de la energía sanadora; estaba simplemente asombrada de que pudiera sentarme tan quieta por tanto tiempo, sosteniéndola y concentrada en ella, sin llegar a estar aburrida o inquieta.

Al final del día, ella estaba mucho mejor y la volví a llevar al pasto. A la mañana siguiente, me fui a la escuela y, cuando llegué a casa, en lugar de correr a ver cómo estaba, me puse a ver la televisión. Horas después de llegar a casa, salí y la encontré muriendo. Le di agua y la sostuve en mis brazos durante la siguiente hora hasta que murió. Luego, sostuve su cuerpo y lloré intensamente como no lo había hecho en años. Me consumió la culpa y el remordimiento; sentía que había muerto porque había sido egoísta y que había fallado en cuidar de ella como debía.

Cuando tomé la clase chamánica sobre la muerte, ella vino a mí en un viaje chamánico y me dio información adicional. Me dijo que estaba destinada a morir en ese momento y nada de lo que hiciera o no hiciera habría cambiado ese resultado. Sí, si hubiera salido antes podría haber facilitado su muerte un poco más, pero el regalo importante que le di fue la oportunidad de morir en mis brazos. Su regalo para mí fue la oportunidad de llorar de verdad. En ese momento había construido un muro inmenso alrededor de mis emociones y simplemente nunca lloraba. Cuando lloré por su muerte, fue una oportunidad para liberar una gran cantidad de dolor que había estado manteniendo reprimido. La experiencia me conmovió profundamente y me permitió liberar la culpa que todavía llevaba con respecto a su muerte.

Mi recuperación del alma

Escuché por primera vez sobre la recuperación del alma en una clase con Hank Wesselman. Desde el momento en que lo mencionó, supe que era algo que quería hacer con mi madre. Cuando le pregunté al respecto, ella estuvo de acuerdo. Entonces contacté a Jill Alabykendall, la esposa de Hank, y acordé una cita unos meses más tarde, apenas estuviera disponible. Jill me envió por correo electrónico algunas preguntas acerca de por qué quería una recuperación del alma, lo que quería sanar, y otros detalles, y le escribí de vuelta describiendo algunas de las cosas de mi infancia que sentía que habían resultado en mi pérdida del alma. Hablé con franqueza sobre mi incapacidad para confiar en mí misma y mis sentimientos sobre mi familia y mis padres. Cuando Jill contestó por correo electrónico, incluyó todos los detalles de logística, cuándo y dónde ir. Le envié inmediatamente el correo electrónico a mi padre para que pudiera imprimirlo para mi madre, sin darme cuenta de que todas las cosas que le había escrito a Jill estaban incluidas en ese correo electrónico.

Unas semanas más tarde, mi madre me llamó y mencionó mis comentarios. Estaba horrorizada—ciertamente nunca me atrevería a lastimar a mis padres con la verdad pura. Debía comunicar esa información, pero quería decirlo suavemente, con cuidado, de tal manera que no hiriera a nadie. Mi madre estuvo muy cerca de retractarse y no ir a la terapia, pero al final decidió hacerlo. Fue un punto de inflexión en nuestra relación.

La recuperación del alma en sí fue hermosa—Jill pasó horas con nosotras, dándonos los detalles de lo que se podía esperar, cómo haría el trabajo, y cómo avanzar después de nuestra recuperación del alma. Como mi madre y yo fuimos juntas, además de la recuperación del alma, Jill hizo un trabajo de sanación para la línea materna. Cuando me fui, sentí que estaba llena hasta el tope con mi propia luz y energía vital. Me habían dado el regalo más hermoso y perfecto, y, lo que es más, siempre estuvo destinado a ser mío. Los recuerdos faltantes de mi infancia cayeron en su lugar como si nunca hubieran desaparecido y, de la noche a la mañana, desarrollé un profundo y duradero sentido de confianza en mí misma. También supe en ese momento que me encantaba la sanación con energía. Si tenía sólo una sesión con algún cliente, una recuperación de alma era lo que quería darle, pues era muy poderoso.

Sanando a otros

Uno de los aspectos más agradables del trabajo que hago es hacer viajes de sanación para otras personas. Los espíritus son muy creativos cuando se trata de provocar cambios.

Una clienta pidió ayuda para restablecer la energía de su casa. Mis guías me mostraron que parte del problema era que la ex esposa del esposo de mi clienta estaba inconscientemente enviando una gran cantidad de energía obsesiva hacia la casa en la que ella había vivido. Mis guías me mostraron una manera de no interferir con la ex-esposa mientras protegía la casa de mi clienta de esa energía. Me mostraron que la casa existía en la realidad chamánica tanto en el tiempo actual, como en el tiempo en que la ex-esposa había vivido allí, en una especie de superposición. Me hicieron tomar la casa de antes y moverla a un lado. De esta manera, la ubicación a la que la energía obsesiva de la ex-esposa fluía ya no era la misma que la actual casa de mi clienta.

Muchos de mis clientes han experimentado traumas sexuales cuando eran niños. Mis guías me muestran cómo estos patrones se remontan generación tras generación, hasta que la víctima se convierte en el perpetrador. Lo que me enseñan es que esa energía de abuso sexual es parte de la manera en que ciertas personas exploran la naturaleza del poder, tomando turnos para usarla mal y siendo las víctimas de sus malos usos. En este momento, muchas almas viejas han adquirido la experiencia de este trauma, no porque necesiten aprender a no usar mal su sexualidad, sino para liberar al mundo de los abusos sexuales. Cada vez que alguien sana de un trauma sexual, se vuelve más fácil para otros sanar el mismo trauma. Esta sanación contribuye a una conciencia universal y al conocimiento colectivo sobre cómo liberar y sanar el trauma sexual para que pueda dejar de ser parte de nuestro mundo.

Un día, un acosador estaba molestando a una amiga mía. Me ofrecí a hacer un trabajo chamánico y mis guías me ayudaron a cortar las cuerdas energéticas que esta persona estaba enviándole. Me permitieron poner un espejo para que la energía enviada hacia mi amiga se reflejara. También me ayudaron a fortalecer su escudo natural y un par de nuevos animales de poder vinieron a proporcionar protección adicional.

Una madre y una hija acudieron juntas a mí para una recuperación del alma. En este caso, había algunos temas familiares de abuso y desconexión. Mis guías me llevaron de vuelta al primer incidente. Resulto ser que el marido era físicamente abusivo con su esposa. Esto fue hace muchas generaciones atrás, cuando las mujeres tenían pocas opciones de empoderamiento. Habría sido difícil para ella irse, y aún más difícil mantener a la niña que llevaba en el vientre. Debido a que estaba atrapada en una situación abusiva, esta mujer sintió una gran ambivalencia sobre su hija nonata. Aunque la amaba, también le molestaba porque la ataba fuertemente a la situación. Dicha situación—la violencia doméstica, el resentimiento, la sensación de estar atrapada—creó una estructura energética compleja que fue transmitida a través de las generaciones. Mis guías me mostraron que esa estructura funcionaba como una molécula compleja, uniendo a la familia con otras familias con temas similares. Mis guías me ayudaron a ofrecer sanación y protección a la mujer y a disolver la estructura energética que esto creó.

Otra de mis clientes, quien había tenido un aborto muchos años antes, me pidió que hiciera un viaje para ver si el alma del feto necesitaba ayuda o sanación. Fui y encontré el alma que se habría convertido en el niño. Me dijo que nunca había querido encarnar. Ser concebido y luego experimentar el aborto fue absolutamente perfecto porque le dio la oportunidad de tener una pequeña probada de lo que significa estar confinado a un cuerpo físico sin tener que pasar por una encarnación plena. De hecho, quería mi ayuda. Cuando tuvo el aborto, mi clienta le envió una parte del alma de sí misma para que estuviera siempre con él. El niño estaba siendo retenido por esa parte del alma y no podía dejarla ir. Así que hablé con la parte del alma y le expliqué que habían pasado muchos años y que ella había tenido hijos propios. La parte del alma finalmente soltó el espíritu del niño y volvió con mi clienta.

En Conclusión

Podría escribir un libro entero sobre los cientos de viajes que he realizado a través del espacio y el tiempo, aprendiendo y experimentando desde lo místico hasta lo pragmático. Mis guías me han aconsejado sobre qué comer y sobre mi propósito espiritual con igual atención y amor. Ellos ofrecen su energía para enseñarme, apoyarme y guiarme incondicionalmente, incluso cuando estoy malhumorada e impaciente. A lo largo de los años, mis viajes chamánicos se han convertido en una de las experiencias más fructíferas de mi vida. Me han dado mucho en qué pensar, han tocado mis emociones hasta el núcleo, y han cambiado mi experiencia física. He encontrado sanación, información, sabiduría, alegría, apoyo, protección y diversión en mis experiencias chamánicas.

El mayor regalo que puedo ofrecerle son las herramientas para acceder a ese mundo por usted mismo. Espero de todo corazón que encuentre el proceso del viaje chamánico igual de poderoso, empoderador y divertido como lo ha sido para mí. En mi experiencia, no hay nada que se compare a ser capaz de hablar directamente con los espíritus que han elegido guiarlo, apoyarlo y protegerlo. Puede que no sea algo que aprenda de la noche a la mañana, pero con mucha práctica puede enriquecer su vida inconmensurablemente. Sin importar el uso que haga de él, quiero agradecerle por haber leído mi libro.

Bibliografía/Lecturas Recomendadas

Viaje Chamánico: Guía del Principiante, Sandra Ingerman. Colorado: Sounds True, 2008.

Este libro cubre los fundamentos del viaje chamánico. Sandra Ingerman también ha escrito Recuperación del Alma y Bienvenido a Casa, que son excelentes libros relacionados con la pérdida y la recuperación del alma.

The Journey to the Sacred Garden: A Guide to Traveling in the Spiritual Realms, Hank Wesselman. Estados Unidos: Hay House, 2003.

Este libro también cubre los fundamentos del viaje chamánico. Además, Hank Wesselman habla sobre cómo explorar y utilizar su lugar de poder para iniciar el cambio en su vida.

Chamán, Sanador, Sabio: Cómo Sanarse a Uno Mismo y a los Demás con la Medicina Energética de las Américas, Alberto Villoldo. New York: Harmony Books, 2000.

Este libro presenta importante información acerca de la alineación y la relación correcta con el universo.

La Senda Del Chamán, Michael Harner. Editorial Kairos, 2018.

Este libro es en gran medida una parte de la tradición chamánica para un público moderno y tecnológico. Sin embargo, no lo recomiendo a los principiantes porque el enfoque no es tan sutil como algunos de los libros posteriores.

The Dark Side of Light Chasers, Debbie Ford. New York: Riverhead Books, 1998.

Este es el mejor libro que he encontrado sobre el trabajo de sombras.

Psychic Protection, Ted Andrews. Estados Unidos: Dragonhawk Publishing, 1998.

Ted Andrews es uno de mis autores favoritos. Su escritura es clara, accesible y llena de compasión. Recomiendo este libro a cualquier persona que se sienta nerviosa sobre el mundo invisible o que está buscando maneras de manejar mejor la energía que asimila del mundo que le rodea.

Spiritual Psychology — The Twelve Primary Life Lessons Steve Rother. Estados Unidos: Lightworker, 2004.

Steve Rother es un canal maravilloso. Recomiendo encarecidamente sus trabajos y libros, así como sus seminarios. Eche un vistazo en www.lightworker.com para más información

All Love: A Guidebook For Healing With Sekhem-Seichim-Reiki and SKHM Diane Shewmaker. Washington: Celestial Wellspring Publications, 2000.

El libro de Diane Shewmgrama es hermoso y contiene excelente información sobre la sanación con energía.

Prayers and Meditations of the Quero Apache, Maria Yraceburu. Estados Unidos: Bear & Company, 2004.

María ofrece hermosas historias y prácticas tradicionales Apache Quero.

Nota: algunos de estos libros sólo están disponibles en inglés.

AGRADECIMIENTOS

Poco después de que empecé a escribir, me quedó claro que, aunque escribo muy bien en comparación al ingeniero promedio, no lo hago tan bien como un escritor profesional. Así que me gustaría dar las gracias a las personas que me ayudaron con sus críticas y ediciones: William H. Stoddard, Laura Kate Barrett, y Deborah Luria. La calidad general de mi escritura ha sido en gran medida mejorada por su ayuda.

También agradezco a las personas que tuvieron el mayor impacto en mi sanación y crecimiento personal antes de escribir este libro. Más personas han tocado mi vida de lo que posiblemente pueda nombrar, pero aquellos que tienen el mayor impacto son Arne Liss, Evan Thomas, Michael Hartzel, Deborah Luria, Laura Kate Barrett, Serena y Phil Poisson, Steve y Barbara Rother, Carol Holaday, Jill Alabykendall, y Diane Shewmgrama. Este libro incluye gran parte de su sabiduría. Y me gustaría agradecer a algunos de mis mejores animadores por su apoyo: Ryan Latimer, Dominique Colbert, mis hermanas Sacerdotisas del Templo, una vez más, la señora Laura Kate Barrett, y mi madre.

Gracias a Jennifer Dyer por el hermoso arte de la portada.

Finalmente, mis expresiones de gratitud serían incompletas sin hablar de mis guías espirituales. Ellos creen que es muy gracioso que sienta la necesidad de reconocerlos formalmente de esta manera. Sin embargo, siempre han estado allí para mí, en los tiempos más oscuros, así como en los más alegres. Su apoyo ha sido incondicional y siempre disponible. Este libro no existiría sin ellos.

Sobre la Autora

Katie Weatherup es una practicante chamánica, maestra de reiki, y ex ingeniero mecánico. Su perspectiva única sobre el chamanismo se centra en la aplicación de las habilidades espirituales e intuitivas de cada persona en los problemas que aparecen en la vida cotidiana desde un punto de vista pragmático, el punto de vista de "lo que funciona". Katie ayuda a las personas a encontrar el camino de regreso a sí mismas, todas las partes que han perdido, olvidado, negado y renegado.

El chamanismo es un elemento básico en su práctica de sanación, Hands Over Heart. Actualmente residente en San Diego, da clases sobre viajes chamánicos y ofrece sesiones individuales de sanación y recuperación del alma. El compromiso de Katie con el trabajo de sanación es parte de su profundo compromiso con su propio crecimiento y sanación. Para obtener más información, visite su sitio web en

https://handsoverheart.com.

Printed in Great Britain
by Amazon